welterbe bergpark wilhelmshöhe
die löwenburg

MHK Broschüren, Bd. 10

Herausgeber: **Museumslandschaft Hessen Kassel**
Projektsteuerung: **Gisela Bungarten**
Autor*innen: **Martin Eberle**
Katalogredaktion: **Gisela Bungarten**
Lektorat: **Astrid Wegener**
Bildredaktion: **Gisela Bungarten**
Grafische Gestaltung: **atelier capra | Steffen Härtel-Klopprogge**
Verlag: **Schnell & Steiner GmbH, Leibnizstraße 13, 93055 Regensburg**
Druck: **Grafisches Centrum Cuno GmbH und Co. KG**

1. Auflage 2022
ISBN 9 783795 43736
Bibliographische Information der Deutschen Nationalbibliothek
Die Deutsche Nationalbibliothek verzeichnet diese Publikation in der Deutschen National-
bibliographie; detaillierte bibliographische Daten sind im Internet über http://dnb.ddb.de
abrufbar.

Alle Rechte vorbehalten. Ohne ausdrückliche Genehmigung des Verlags ist es nicht gestattet,
dieses Buch oder Teile daraus auf fototechnischem oder elektronischem Weg zu vervielfältigen.

Die **Museumslandschaft Hessen Kassel** ist eine Einrichtung des Landes Hessen.

© 2022 Museumslandschaft Hessen Kassel, Verlag Schnell & Steiner GmbH

**Welterbe Bergpark Wilhelmshöhe
Die Löwenburg
MHK Broschüren, Bd. 10**

Martin Eberle

SCHNELL + STEINER

Inhaltsverzeichnis

Die Löwenburg in Kassel

Vorwort 7
Der Bauherr –
Landgraf Wilhelm IX. / Kurfürst Wilhelm I. von Hessen-Kassel 12
Der Architekt – Heinrich Christoph Jussow 21
Der Baugrund – Bergpark Wilhelmshöhe 25
Die Löwenburg – zur Baugeschichte 30
Die Löwenburg – ihre unmittelbare Umgebung 37
Die Löwenburg – ihre Funktion 40
Die Löwenburg – ihre Bewohner 43
Die Löwenburg – ihre Einrichtung 46

Die Löwenburg – ein Rundgang 52

- (A) Eingangsraum 53
- (B) Bibliothek 55
- (C) Vorzimmer des Herrenbaus 59
- (D) Schreibkabinett des Herrenbaus 64
- (E) Schlafzimmer des Herrenbaus 67
- (F) Garderobe des Herrenbaus 69
- (G) Dienerzimmer 70
- (H) Galerie 71
- (I) Vorzimmer des Damenbaus 75
- (J) Kabinett des Damenbaus 77
- (K) Schlafzimmer des Damenbaus 80
- (L) Ankleidezimmer des Damenbaus 84
- (M) Garderobe im Damenbau 85
- (N) Burgkapelle 86
- (O) Rüstkammer 90

Anhang

Literatur 96
Abbildungsverzeichnis 99
Abbildungsnachweis 103

Die Löwenburg in Kassel

Vorwort

2005 wurde die Sanierung der Löwenburg eingeleitet, ein umfangreiches Unterfangen, das mehrere Jahre in Anspruch genommen hat. Zwei mutige denkmalpflegerische Entscheidungen prägten dabei das weitere Vorgehen: Die Rekonstruktion des 1945 zerstörten Bergfrieds, das Kernstück der Anlage, und die Wiedereinrichtung der fürstlichen Appartements im Damen- und Herrenbau nach dem Inventar von 1816. Nun, 2022, können Burg und Appartements der Öffentlichkeit wieder übergeben werden. So erhält das Weltkulturerbe Bergpark Wilhelmshöhe mit der prägenden Silhouette der Burg ein prägendes Bild zurück.

Das Land Hessen brachte mit umfangreichen finanziellen Mitteln das Projekt in Gang, das in bewährter Weise vom Landesbetrieb Bau und Immobilien Hessen geleitet wurde. Hier gilt – wirklich nur stellvertretend für alle beteiligten Mitarbeiter*innen – Dieter Jakumeit als Projektleiter mein besonders herzlicher Dank! Von Seiten der Museumslandschaft Hessen Kassel wurde das Projekt federführend von Astrid Schlegel und Micha Röhring betreut, in den letzten Jahren von Herrn Röhring und Tobias Apfel – Ihnen sei, wie der gesamten Bauabteilung der Museumslandschaft Hessen Kassel, ebenso gedankt.

Durch das Landesamt für Denkmalpflege wurde die Instandsetzung intensiv und konstruktiv betreut. Hier waren es vor allem Christine Kenner und Peer Zietz, die sich mit sehr viel Engagement eingebracht haben.

Eine wesentliche Grundlage, vor allem für die Rekonstruktion des kriegszerstörten Bergfrieds, war die Beratung durch eine vom damaligen Präsidenten des Landesamtes für Denkmalpflege, Gerd Weiß, initiierte Expertenrunde. Aus diesem Gremium sei stellvertretend Hans-Christoph Dittscheid, Johannes Erichsen und Bernhard Furrer gedankt.

Weiterhin gilt mein Dank den hunderten von Firmen, die an der Rekonstruktion und der Sanierung der Anlage beteiligt waren. Stellvertretend möchte ich hier nur das Holz-Atelier Karsten Püschner aus Hartmannsdorf nennen. Aber nicht nur den Firmen sei gedankt, sondern vor allem allen Mitarbeiter*innen: Jeder einzelne brachte seine hohen spezifischen Fachkenntnisse ein, um dieses Kleinod der Schlossbaukunst um 1800 in Deutschland wieder erstehen zu lassen. Danke!

Der Dank gilt auch dem Atelier Schöne, hier vor allem Henry Krampitz. Das Atelier steuerte die gesamte Restaurierung und Wiederherstellung der Innenräume und band ein Netzwerk von externen Restaurator*innen in die große Aufgabe ein. Gedankt sei weiterhin allen Restaurator*innen der Museumslandschaft Hessen Kassel unter der Leitung von Anne Harmssen, die mit der Aufgabe betraut waren.

Wichtige Fragen der Bauforschung trug Anja Dötsch mit Ihrer Dissertation zur Löwenburg bei. Für die Ausstattung leisteten vor allem Friedl Bruckhorst – damals lag die Löwenburg noch in der Verantwortung der Verwaltung Schlösser und Gärten – und Henriette Graf großartige Vorarbeit mit der Auswertung aller relevanten Inventare und der Suche nach den entsprechenden Ausstattungsgegenständen – vom großen Möbel bis hin zum Tintenfass oder Besteckteilen des 17. Jahrhunderts. Beiden sei hierfür herzlich gedankt!

Ein weiterer herzlicher Dank gilt Astrid Wegener, die von Seiten der Museumslandschaft Hessen Kassel die Wiedereinrichtung wissenschaftlich betreute. Vor allem in den letzten Monaten wurde sie dabei herausragend und mit viel Sachkenntnis von Ulrike Paul unterstützt.

Aber nahezu alle wissenschaftlichen Mitarbeiter*innen der Museumslandschaft Hessen Kassel haben zum Gelingen der großen Aufgabe Wesentliches geleistet – Danke!

Der vorliegende kleine Führer wurde in bewährter guter Zusammenarbeit mit dem Verlag Schnell & Steiner erstellt. Für die Gestaltung gilt mein besonderer Dank Steffen Härtel-Klopprogge. Die undankbare, aber höchst wichtige Aufgabe der redaktionellen Betreuung des vorliegenden Bandes – und auch der Bildredaktion – übernahm Gisela Bungarten. Ihr danke ich ebenso herzlich wie allen beteiligten Fotografen, die zum Gelingen der Publikation beitrugen.

Nun aber wünsche ich vor allem den Besucher*innen – und auch den Leser*innen – viel Freude bei der Entdeckung der Löwenburg – einem weiteren Juwel im Weltkulturerbe Bergpark Wilhelmshöhe.

Martin Eberle
Museumslandschaft Hessen Kassel

Der Bauherr – Landgraf Wilhelm IX. / Kurfürst Wilhelm I. von Hessen-Kassel

Wilhelm (1743–1821) wurde als zweiter Sohn von Landgraf Friedrich II. (1720–1785) und Maria von Hannover (1723–1772), einer englischen Prinzessin, geboren. Knapp ein Jahr vor seiner Geburt war sein ältester Bruder gestorben, so dass Wilhelm die Rolle eines Erbprinzen zufiel – entsprechend war seine Erziehung ausgerichtet, die ihren Abschluss mit Studienjahren an der Universität Göttingen und in Dänemark fand. Wie viele Fürsten seiner Zeit interessierte er sich

Wilhelm Böttner, Wilhelm IX. Landgraf von Hessen-Kassel, 1791

sehr für die Architektur und war auf diesem Gebiet im besten Sinne des Wortes Dilettant. So nahm er auf die zahlreichen Bauprojekte, die ihn sein ganzes Leben lang begleiteten, unmittelbar Einfluss – so auch bei der Löwenburg im Bergpark Wilhelmshöhe.

Die Ehe der Eltern verlief ausgesprochen spannungsreich und brach 1754 endgültig auseinander: Unter dem Einfluss des Kölner Erzbischofs Clemens August (1700 – 1761) war der Vater Wilhelms, Friedrich, 1749 heimlich zum katholischen Glauben übergetreten. Für das protestantische Haus Hessen-Kassel kam dies nach Jahren, als die Konversion Friedrichs aufgedeckt wurde, einer nicht nur religiösen, sondern auch politischen Krise gleich. So zwang Landgraf Wilhelm VIII. (1682 – 1760) seinen Sohn 1754 zur Unterzeichnung der Assekurationsakte, deren Einhaltung durch England, Dänemark und die evangelischen Reichsstände garantiert wurde. Politisch wurde dabei festgelegt, dass in Hessen-Kassel die protestantische Religion unangetastet bleiben solle. Der Gemahlin Friedrichs, Maria, wurde die Grafschaft Hanau-Münzenberg, die man aus den hessischen Stammlanden löste, übergeben. Somit trennte sich Maria mit ihren drei gemeinsamen Kindern, Wilhelm, Karl (1744 – 1830) und Friedrich (1747 – 1837), von ihrem Gemahl. Friedrich sah seine Frau nie wieder, seine Kinder erst 1782. Damals setzte dann eine leichte Entspannung des Verhältnisses von Vater und Sohn ein.

1760 übertrug Wilhelm VIII. die Grafschaft unter Umgehung Friedrichs seinem Enkel Wilhelm, wobei zunächst die Mutter die Regentschaft für den minderjährigen Fürsten übernahm. Ab 1764 wurden dann Wilhelm die Staatsgeschäfte übergeben, wobei die Grafschaft weitestgehend selbständig blieb. Erst 1785, als Friedrich II. verstarb und Wilhelm IX. den Thron in Hessen-Kassel bestieg, wurde die Grafschaft den Stammlanden Hessen-Kassel wieder einverleibt.

Erbprinz Wilhelm strebte erfolgreich eine Modernisierung seiner Grafschaft Hanau-Münzenberg an, die ihren Ausdruck vor allem in Bauprojekten fand. Neben der Erweiterung der Residenzstadt Hanau war dies der Bau der Kuranlage Wilhelmsbad. 1709 wurde dort eine eisenhaltige Quelle entdeckt. 1777 begann Wilhelm mit einem umfangreichen Bauprojekt, das 1785 zum Abschluss kam. Der Park des Kurareals wurde dabei als englischer Landschaftspark gestaltet, und neben dem Kurhaus wurden viele »Sensationen« errichtet, die den adligen und reichen Kurgästen den Aufenthalt verkürzen sollten: Hierzu zählten neben dem Comoedienhaus, einem Theaterbau, der bis heute über eine barocke Bühnenmaschinerie verfügt, das 1780 errichtete Karussell, eine Pyramide in Gedenken an Prinz Friedrich (1772 – 1784), dem früh verstorbenen ältesten Sohn Wilhelms, eine höhlenartige Eremitage, die Teufelsbrücke, der Schneckenberg und Felsengänge und vor allem eine romantische, künstliche Burgruine. Gerade dieser Bau ist von hoher Bedeutung für die Löwenburg. Es handelt sich dabei um einen vermeintlich mittelalterlichen Turm, umgeben von vier Ecktürmen. Im Inneren befindet sich ein elegantes Wohn- und Schlafappartement und ein prächtiger Kuppelsaal, der im neuesten Geschmack des Frühklassizismus ausgestattet wurde und dem Erbprinzen als Wohnstätte diente. Die Idee für diesen zwischen 1779 und 1781 errichtet Bau geht auf Wilhelm persönlich zurück.

Die mondäne Kuranlage fand schnell das Gefallen der internationalen Besucher. Nachdem aber 1785 Wilhelm in Kassel den Thron bestiegen hatte, fehlte die Hauptattraktion: der Erbprinz. Hinzu

Die künstliche Burg Wilhelmsbad ist ein Zeugnis für die frühe Ruinenbegeisterung des Erbprinzen.

kam, dass zunehmend Zweifel an der heilenden Wirkung der Quelle aufkamen, so dass der Ort schnell das Interesse der internationalen Gästeschar verlor.

Finanziert wurde die aufwendige, elegante Anlage aus dem sogenannten Soldatenhandel. Während des 18. Jahrhunderts war es in den kleineren deutschen Staaten üblich, im eigenen Land Soldaten anzuwerben. Diese wurden entsprechend ausgebildet und ausgestattet und in militärischen Einheiten zusammengefasst, die dann an die europäischen Großmächte vermietet wurden. Das Geschäft war äußerst lukrativ, und besonders Hessen-Kassel tat sich darin hervor. So vermietete Erbprinz Wilhelm unter anderem an seinen Onkel, König Georg III. von Großbritannien (1738 – 1820), zwischen 1776 und 1783 ca. 2.400 Soldaten, die im Amerikanischen Unabhängigkeitskrieg (1775 – 1783) eingesetzt wurden. Im Zuge der Aufklärung geriet der Soldatenhandel im späten 18. Jahrhundert zunehmend in die Kritik der Öffentlichkeit. Trotzdem hielt Wilhelm auch später als Landgraf von Hessen-Kassel an diesem gewinnträchtigen Geschäft fest, das ihn zu einem der reichsten Fürsten des Landes aufsteigen ließ. Dies wiederum ermöglichte ihm eine umfangreiche Bautätigkeit, die ihn sein gesamtes Leben beschäftigen sollte.

David Le Clerc, Landgraf Carl mit dem Leibmohren, 1714

Nach dem Tod seines Vaters bestieg 1785 Wilhelm IX. mit 42 Jahren den Thron der Landgrafschaft Hessen-Kassel. Die Erwartungen der Bevölkerung an den neuen, bereits in Regierungsgeschäften erfahrenen Herrscher waren hoch. Allerdings blieb Wilhelm IX./I. im Zeitalter der Aufklärung politisch einem rückwärts gesinnten Absolutismus verpflichtet. Ein wichtiges, persönliches Vorbild war ihm dabei sein Urgroßvater, Landgraf Carl (1654 – 1730). Ganz barocker Fürst, förderte Carl das Manufakturwesen und die Nutzung der heimischen Bodenschätze. Weiterhin baute der Landgraf ein umfangreiches stehendes Heer auf, das er nicht nur während des Spanischen Erbfolgekrieges (1701 – 1714) gegen Frankreich und während des Großen Türkenkrieg (1683 – 1699) selbst nutzte, sondern auch schon an Großmächte vermietete. In seiner Regierungszeit initiierte er auch große Bauprojekte wie den Bergpark mit den Wasserkünsten und den Herkules, das Orangerieschloss in der Karlsaue und das Marmorbad, die bis heute das Stadtbild Kassels prägen. Vor allem aber war Landgraf Carl an einer Rangerhöhung seines Hauses gelegen, um in den Reigen der europäischen Großmächte aufgenommen zu werden. Das Haus Hessen-Kassel war eine der ältesten Familien des Hochadels innerhalb des Reiches, stand aber als Landgrafschaft hinter den sieben Kurfürsten zurück. So strebte der Landgraf den Kurfürstentitel, also das Recht, den Kaiser zu wählen, an, was Carl allerdings zeitlebens nicht gelang. Ein anderes probates Mittel der Rangerhöhung war die Heiratspolitik, bei der er sich erfolgreicher erwies: So gelang es ihm, seinen Sohn, Friedrich (1676 – 1751), mit Ulrike Eleonore (1688 – 1741), der Schwester des schwedischen Königs, 1715 zu vermählen. Nach dem Tode ihres kinderlosen Bruders Karl XII. (1682 – 1718) wurde Ulrike Eleonore Königin, dankte aber 1720 zu Gunsten ihres Gemahls ab. Damit näherte sich die Hoffnung, dass sich das Haus Hessen-Kassel beständig auf dem schwedischen Thron etablieren könne, doch blieb die Ehe kinderlos.

Wilhelm IX. griff nach seinem Regierungsantritt die ehrgeizigen Ziele seines Urgroßvaters Carl wieder auf, das Haus Hessen-Kassel zu erhöhen. Grundlage hierfür waren nicht nur die Altehrwürdigkeit der

Familie, sondern auch die enormen Finanzmittel, die Wilhelm IX. aus dem Soldatenhandel zur Verfügung standen und die er für spektakuläre Bauprojekte nutzte, die Aufmerksamkeit in ganz Europa fanden – darunter auch die Löwenburg. 1803 dann war das Ziel erreicht: Mit dem Reichsdeputationshauptschluss von 1803 wurden die geistlichen Kuren von Trier und Köln aufgehoben und die Mainzer Kurwürde ging auf das Fürstentum Regensburg-Aschaffenburg über. Für das Erzstift Salzburg, das zuvor in das weltliche Herzogtum Salzburg umgewandelt worden war, für Württemberg, die Markgrafschaft Baden und die Landgrafschaft Hessen-Kassel wurden vier neue Kuren eingerichtet, sodass die Zahl der Kurfürsten von sieben auf nunmehr zehn stieg (die pfälzische Kurwürde war zwischenzeitlich erloschen). Allerdings konnte sich Wilhelm IX. nicht lange dieser Rangerhöhung erfreuen, denn 1806 legte Kaiser Franz II. (1768 – 1835) die Kaiserkrone nieder und die Bedeutung des Kurfürstentitels erlosch. Hinzu kam, dass auf Druck Kaiser Napoleon Bonapartes (1769 – 1821) verschiedene deutsche Staaten dem 1806 gegründeten Rheinbund beitraten und zu souveränen Staaten wurden. Gleichzeitig traten sie somit aus dem Reichsverbund aus. Im Gegenzug stiegen einzelne deutsche Staaten wie Bayern, Sachsen und Württemberg zu Königreichen empor – und übertrafen damit den Kurfürstenrang.

Antoine Denis Chaudet, Büste von Napoleon Bonaparte, um 1808

Wilhelm IX. verweigerte seine Teilnahme am Rheinbund, erklärte sein Land für neutral und mobilisierte dennoch zu Beginn des preußisch-französischen Krieges 1806 seine Armee. Deshalb besetzte Napoleon Kurhessen und zog am 1. November 1806 in Kassel ein. Dem nunmehrigen Kurfürsten Wilhelm I., ehemals Landgraf Wilhelm IX., gelang rechtzeitig die Flucht ins Exil, zunächst nach Holstein, später dann nach Prag.

Sebastian Weygandt, Porträt von König Jérôme, um 1810

Dabei konnte er wesentliche Teile des Staatsschatzes retten. Die Stammlande von Hessen-Kassel wurden dem neu geschaffenen Königreich Westphalen zugeschlagen, in dem Napoleons Bruder, Jérôme (1784 – 1860), den Thron bestieg. Die südlichen Landesteile, also die Grafschaft Hanau-Münzenberg, unterstanden zunächst der französischen Militärregierung, bis sie in das neu geschaffene Großherzogtum Frankfurt integriert wurden.

1813 dann wurde Hessen-Kassel restituiert und Wilhelm I. konnte am 21. November wieder in seine Residenzstadt Einzug halten. Dort nahm er sofort wieder ein neues Bauprojekt in Angriff. 1811 war in einem Großbrand die Stadtresidenz abgebrannt. Auf Weisung des Kurfürsten wurde das Schloss 1816 vollständig abgebrochen, um es durch einen Neubau, die sogenannte Chattenburg, benannt nach dem germanischen Stammesnamen der Hessen, zu ersetzten. Die Pläne hierzu waren gigantisch, wurden aber nach dem Tode des Kurfürsten 1821 wieder eingestellt. Parallel dazu versuchte Wilhelm IX./I. während des Wiener Kongresses (1814/1815) vergeblich – auch durch Zahlung erheblicher Bestechungsgelder – den Titel eines »Königs der Chatten« zu erlangen, was zusammen mit dem Neubau der Chattenburg für schier unermessliche Finanzmittel (auch nach den belastenden Freiheitskriegen und Napoleonischen Kriegen) spricht. Konnte Wilhelm den Königstitel auch nicht erreichen, so durfte er zumindest aber den Titel einer »königlichen Hoheit« führen. In den weiteren Jahren seiner Regierung bis zu seinem Tode machte er sich bei der Bevölkerung durch seinen reaktionären Regierungsstil allerdings eher unbeliebt, da Privilegien und Freiheiten, die in der französischen Besatzungszeit eingeführt worden waren, teilweise rückgängig gemacht wurden.

Die Löwenburg in Kassel

Wilhelm Böttner, Wilhelm mit Ehefrau und Kindern vor dem Weißensteinflügel, 1791, Royal Collection

Auch mit seinem Familienleben hatte Wilhelm I. nur wenig Glück. 1764, also noch als Kronprinz, heiratete er Karoline von Dänemark (1747 – 1820), mit der er vier Kinder hatte: Marie Frederike (1768 – 1839), Karoline Amalie (1771 – 1848), die den Herzog von Sachsen-Gotha heiratete, den früh verstorbenen Friedrich (1772 – 1784) und seinen späteren Nachfolger Wilhelm II. (1777 – 1847). Bald schon erwies sich die Ehe mit Karoline als zerrüttet, und 1806 ging das Ehepaar getrennt ins Exil: Während Wilhelm I. mit seiner Mätresse nach Holstein und Prag auswich, zog Karoline zu ihrer Tochter Karoline Amalie nach Gotha in das dortige Winterpalais.

Wilhelm I., der selbst die traurige, zerrüttete Ehe seines Vaters hatte miterleben müssen, kompensierte seine eigene, unglückliche Ehe durch eine Anzahl von Mätressen, darunter Marianne Wulffen, Charlotte Christine Buissine, mit der er vier Kinder hatte, Rosa Dorothea Ritter, mit der acht Kinder hatte und vor allem Karoline von Schlotheim.

Karoline von Schlotheim – die heimliche Bewohnerin der Löwenburg?

Karoline von Schlotheim kam 1766 in Kassel als Tochter des Generals Heinrich Christian Wilhelm von Schlotheim zur Welt. Gegen ihren Willen entführte Landgraf Wilhelm IX. sie 1788, aber ihr gelang die Flucht zurück zu ihren Eltern, die sie allerdings an den verliebten Fürsten zurückgaben. Daraufhin ergab sich Karoline in ihr Schicksal. Im Gegenzug erhob sie Wilhelm IX. in den Reichsgrafenstand.

Wilhelm Böttner, Caroline Juliane Albertine von Schlotheim, spätere Gräfin von Hessenstein, 1788

Aus der Verbindung gingen dreizehn Kinder hervor. Sie begleitete den inzwischen zum Kurfürsten emporgestiegenen Landgrafen 1806 ins Exil nach Holstein und nach Prag. 1811 erhielt sie den Titel einer Gräfin von Hessenstein, wobei die gleichnamige Herrschaft in Holstein namensgebend war. Dieser Name wurde auch auf alle Kinder des Paares übertragen. Angeblich hatte Karoline von Schlotheim erheblichen Einfluss auf die Politik und die Entwicklung des Landes. Mit Sicherheit darf es aber als Legende gelten, dass die Löwenburg für sie errichtet wurde und ihr und ihren Kindern als ständiges Domizil diente. So sind nur zwei mehrtägige Aufenthalte des Landgrafen/Kurfürsten auf der Löwenburg verbürgt, ebenso verhielt es sich auch mit Karoline von Schlotheim. 1847 – also lange nach Wilhelm I. – starb die favorisierte Mätresse in Kassel.

Im Januar 1820 verstarb Wilhelms Ehefrau Karoline in Kassel, und ihr zu Ehren wurde ein Mausoleum auf dem Lutherfriedhof in Kassel errichtet. Wilhelm I. folgte ihr ein gutes Jahr später in den Tod. Wie von ihm Jahre vorher festgelegt, fand er seine letzte Ruhestätte in der Gruft unter der Schlosskapelle der Löwenburg.

Der Architekt – Heinrich Christoph Jussow

Der Architekt und Gartengestalter Heinrich Christoph Jussow (1754 – 1825) war der einzige Sohn des Architekten und landgräflichen Oberbaumeisters Johann Friedrich Jussow (1701 – 1779), der im Auftrag von Landgraf Wilhelm VIII. zahlreiche Dorfkirchen in Niederhessen errichtet hatte. Nach dem Besuch der Lateinschule wechselte er 1771 an das Collegium Carolinum, der 1709 von Landgraf Carl gegründeten Hochschule in Kassel. Schwerpunkt seiner Studien war hier die Mathematik, doch musste er sich 1773 auf Druck der Eltern nach Marburg begeben, um dort ein Jura-Studium aufzunehmen. Nach zwei Jahren kehrte er nach Kassel zurück, doch wieder waren es die Eltern, die ihn zwangen, sein Jurastudium – nun in Göttingen – fortzusetzen. Die ernsthafte Erkrankung der Eltern ließen ihn allerdings 1778 erneut nach Kassel zurückkehren, wo seine Eltern kurz hintereinander 1779 verstarben. Nun war Jussow gezwungen, seinen Lebensunterhalt selbst zu verdienen, und er entschied sich dazu, den Beruf des Architekten zu ergreifen. Im Selbststudium erlernte er das Zeichnen und erhielt tatsächlich 1778 eine Assistentenstelle im landgräflichen Bauappartement, wo er sich unter Aufsicht seines Vorgesetzten Simon Louis du Ry (1726 – 1799) weiterbilden konnte.

Bereits 1781 wurde Jussow als Architekturlehrer an die Kasseler Kunstakademie berufen. 1782 besuchte der französische Architekt Charles de Wailly (1730 – 1798) Kassel, um Landgraf Friedrich II. seine Pläne zur Umgestaltung des Stadtschlosses vorzulegen. Jussow erhielt nun die Empfehlung und ein Reisestipendium des Landgrafen, im darauffolgenden Jahr seine Studien im Atelier von de Wailly in Paris fortzusetzen, wo er für zwei Jahre die Königliche Bauakademie besuchte. Darauf folgte ein Italienaufenthalt, wo der Architekt sich ganz im Sinne des Frühklassizismus mit dem Antikenstudium beschäftigen konnte. Nach dem Tode Friedrichs II. wurde Jussow von Wilhelm IX./I. zum Gartenarchitekten ernannt und nach England geschickt, um sich weiterzubilden und die dortigen herrschaftlichen Landsitze und Parkarchitekturen zu studieren.

Zurück in Kassel wurde Jussow wieder im Baudepartment eingestellt und von Landgraf Wilhelm IX./I. mit den Planungen zur Umgestaltung des Bergparks und dem Neubau der Löwenburg beauftragt. Weiterhin plante er den Mittelbau von Schloss Wilhelmshöhe. Die Umsetzung dieser drei Projekte gelten heute als die Hauptwerke des Architekten.

Nach dem Tod von du Ry wurde Jussow 1799 dessen Nachfolger als Oberhofbaudirektor und zugleich Direktor der Architekturabteilung der Kunstakademie. Jussow entwarf nicht nur zahlreiche Gebäude, sondern auch Innenausstattungen, inklusive einzelner Möbelstücke – so auch bei der Löwenburg.

Schloss Wilhelmshöhe – ein Hauptwerk von Heinrich Christoph Jussow
Ursprünglich befand sich an Stelle des Schlosses eine Klosteranlage, die nach der Säkularisierung durch ein Jagdschloss im Stile der Renaissance ersetzt wurde. Nach der Errichtung der barocken Wasserspiele und des Herkules plante Landgraf Carl hier eine große Schlossanlage nach italienischem Vorbild, die allerdings nicht zur Ausführung kam. Landgraf Friedrich II. griff die Pläne wieder auf und beauftrage Charles de Wailly mit den Planungen, die der französische Architekt 1785 vorlegte. Die umfangreiche Schlossanlage kam aber durch den Tod des Landgrafen nicht mehr zur Ausführung.
Wilhelm IX. ließ das Jagdschloss abreißen und ersetzte es durch den sogenannten Weißensteinflügel, der nach Plänen von Simon du Ry zwischen 1786 und 1790 errichtet wurde und repräsentative Wohnräume für den Landgrafen und seine Familie enthielt. Dem schräg gestellten Flügel folgte auf der gegenüberliegenden Seite der Kirchflügel, die beiden Flügel rahmten nun zusammen die barocken Wasserspiele und den Herkules. Es entstand eine lebhafte Diskussion, wie der Zwischenraum zwischen den Bauten auszufüllen sei, wie durch zahlreiche Projektskizzen dokumentiert ist. Ein Vorschlag sah vor, die barocke Achse zwischen den beiden Seitenflügeln durch einen Obelisken zu betonen, ein anderer imaginierte eine mittelalterliche Ruinenarchitektur. Schon damals hatte Wilhelm IX. die Idee, die Ruine als Grablege zu nutzen. Schließlich aber entschied er sich um 1787 doch

Schloss Wilhelmshöhe

Auch während der französischen Besatzung behielt Jussow im Wesentlichen seine Ämter bei. Mit der Restitution und der Rückkehr Kurfürst Wilhelms IX./I. bekam Jussow seine Stellung als Oberhofbaudirektor zurück. Wieder in seiner alten Funktion übernahm er die Planung für die »Chattenburg« anstelle des 1811 abgebrannten Residenzschlosses. Jussow, der nie heiratete, verstarb 1825 und wurde in unmittelbarer Nähe des von ihm entworfenen Mausoleums für Karoline von Dänemark, der Gemahlin Wilhelms IX./I., beigesetzt.

dazu, den Bau des Schlosses klassisch mit einem Corps de logis abzuschließen, dessen Pläne durch Heinrich Christoph Jussow erarbeitet wurden. Jussows Entwurf sah vor, dass der Hauptbau seitlich mit halbrunden Anbauten abschließen sollte, wie dies auch bei den Seitenflügeln der Fall ist, die Mitte wurde durch eine Portikus mit acht Säulen betont. Sein Plan sah zudem eine zentrale Kuppel über dem Corps de logis vor, die aber im zweiten Weltkrieg zerstört wurde. Verbunden waren die drei Flügel durch Terrassenbauten, die der breit gelagerten Anlage, die sich zum Park hin öffnete, eine gewisse Luftigkeit verliehen. Das Innere des Corps de logis nahm die Fest- und Gesellschaftsräume auf. Während der napoleonischen Besatzungszeit wurde das »Weißensteinschloss« in »Napoleonshöhe« umbenannt. Jérôme ließ die Terrassenbauten um eine Etage aufstocken. Nach der Rückkehr von Wilhelm IX. aus dem Exil erfolgte die Umbenennung der Anlage in »Wilhelmshöhe«. Sein Sohn und Nachfolger, Kurfürst Wilhelm II., stockt dann die Verbinderbauten um zwei weitere Flügel auf, so dass die heute sehr geschlossen wirkende Anlage entstand. Während des Zweiten Weltkrieges wurde das Corps de logis schwer beschädigt und ab 1961 von Paul Friedrich Posenenske (1919–2004) wieder aufgebaut, um den Bau als Gemäldegalerie zu nutzen. Die Kuppel wurde nach der Zerstörung nicht wieder rekonstruiert.

Bergpark Wilhelmshöhe mit Herkules

Der Baugrund – Bergpark Wilhelmshöhe

Weit vor den Stadtgrenzen Kassels entstand im 12. Jahrhundert auf dem Hang des Habichtswaldes die Klosteranlage des Weißensteins, die nach der Säkularisation durch ein Jagdschloss ersetzt wurde.

1701 setzten die Bauarbeiten des Oktogons auf der Bergkuppe und der vorgelagerten Kaskade nach den Entwürfen des italienischen Architekten Giovanni Francesco Guerniero (um 1665 – 1745) ein, den Landgraf Carl während seiner Kavalierstour in Italien kennengelernt hatte. 1714 konnten die Wasserspiele in Betrieb genommen werden. Das Oktogon wurde danach noch um eine Pyramide erhöht, bekrönt von einer Statue des Herkules. Somit entstand ein weit in die Landschaft wirkendes Monument als Zeugnis der Beherrschung der Natur, denn nicht nur die gigantische Größe der Anlage beeindruckte die Zeitgenossen, sondern auch der Umstand, dass das Wasser offenbar der Anhöhe des Berges entspringt. Ursprünglich sollte die Anlage noch weiter ausgestaltet werden, doch führten vermutlich fehlende finanzielle Mittel zum Einstellen der Bauarbeiten. Die früher unterstellte mangelhafte Bauausführung Guerieros und seine angebliche Flucht nach Italien haben mit dem Ende der Arbeiten nichts zu tun, wie neuere Forschungen nachweisen konnten. Vielmehr hatte der Italiener einen befristeten Vertrag in Hessen, nach dessen Ende er eine neue Aufgabe in seiner Heimat übernahm. Auch die Schlossanlage nach italienischem Vorbild konnte nicht umgesetzt werden. Bis zum Ende des 18. Jahrhunderts kam es im Bereich der Anlage nur zu geringfügigen Umgestaltungen, unter anderem durch Landgraf Friedrich II.

Wilhelm IX./I. griff das Projekt seines Urgroßvaters nach seinem Regierungsantritt 1785 wieder auf. Rasch kam es zu umfangreichen Umbauten und Erweiterungen, die den Bergpark bis heute prägen. Hierzu zählte unter anderem der Abriss des Weißensteinschlosses und der Bau des heutigen Schlosses Wilhelmshöhe. Unter Einbehaltung der barocken Achse der Kaskade wurde der Garten nun im zeitgenössischen Geschmack als Landschaftsgarten umgestaltet. In scheinbarer Natürlichkeit schlängeln sich Wege durch den Bergpark, die immer wieder überraschende Ausblicke und Ansichten aufweisen. Verantwortlicher Architekt der Gesamtanlage war Heinrich Christoph Jussow, der eng mit dem Wasserkunstinspektor Carl Steinhöfer (1747 – 1829) und dem Garteninspektor Daniel August Schwarzkopf (1738 – 1817) zusammenarbeitete.

In diesem engen Zusammenwirken entstanden unter anderem der Schlossteich (1785 – 1791), der sogenannte Lac, durch die Zusammenlegung der Fischbecken, die einst zum Jagdschloss der Renaissance gehörten. Weiterhin wurde der Fontänenteich angelegt (1789 / 1790) und die Teufelsbrücke mit Höllenteich (1792 / 1793). Die barocken Kaskaden erhielten ihr »natürliches Gegenstück« mit dem Waldwasserfall (1793, heute Steinhöfer Wasserfall) und mit dem Neuen Wasserfall. Wie in Wilhelmsbad,

Cestius-Pyramide

Halle des Sokrates

das Wilhelm IX. als Erbprinz bei Hanau angelegt hatte, sollten aber nicht nur vermeintlich natürliche Aussichtspunkte geschaffen werden, sondern die teilweise bereits unter Friedrich II. erbauten Parkarchitekturen wurden in das Gesamtbild integriert. So etwa die zwischen 1766 und 1768 errichtete Plutogrotte, die 1775 entstandene Cestiuspyramide, das Grabmal des Vergil oder die Eremitage des Sokrates. Sie alle entstanden nach Plänen von Simon Louis du Ry, wie auch der zwischen 1782 und 1783 errichtete Merkurtempel. Am Fuß des Bergparks entstand zwischen 1782 und 1785 dann noch das »chinesische Dörfchen« Mou-lang (heute Mulang), das neben einigen landwirtschaftlichen Gebäuden auch eine Moschee (nicht erhalten) und eine Pagode beinhaltete. Jussow selbst fügte zu diesen Parkbauten noch das Felseneck (1794), später dann die Halle des Sokrates (1813 – 1816) und den Apollotempel (1817 – 1818, heute Jussow-Tempel) hinzu. Während der französischen Besatzungszeit errichtete Leo von Klenze (1784 – 1864) zwischen 1809 und 1810 ein Hoftheater im Auftrag von König Jérôme auf dem Schlossplateau, das

Grabmal des Vergil

Pagode

später als Ballhaus diente. Schloss und Theater wurden dabei wiederum durch einen chinoisen Holzbau verbunden, den Wilhelm IX./I. nach seiner Rückkehr allerdings in das Dörfchen Mulang verlegen ließ (nicht erhalten). Besonders prägnant aber unter den Parkbauten sind die Löwenburg und das Aquädukt.

Die Staffagebauten des Bergparks zitieren also verschiedene Zeitebenen: Das alte Ägypten mit der Cestiuspyramide, das antike Griechenland mit Bauten wie der Eremitage des Sokrates oder der Halle des Sokrates, das römische Weltreich mit dem Grabmal des Vergil oder dem Aquädukt, das Mittelalter durch die Löwenburg, die Barockzeit mit Herkules und Kaskaden bis hin zur Gegenwart. Gleichzeitig werden verschiedene europäische Länder zitiert, aber auch der Vordere Orient (Moschee) bis hin zum fernen Osten (Mulang). So bewegt sich der Besucher im Bergpark scheinbar durch verschiedene Länder und Epochen, wobei den Mittelpunkt der Anlage der elegante Bau des Schlosses Wilhelmshöhe bildet. Das Haus Hessen-Kassel zeigt sich somit als eine Dynastie, die gleichsam über Zeit und Raum schwebt.

Die Löwenburg in Kassel

Das Aquädukt – ein Stück Rom in Kassel

Heinrich Christoph Jussow entwarf das faszinierende Bild eines ruinösen Aquädukts für die Wasserspiele im Bergpark, das zwischen 1788 und 1792 umgesetzt wurde. Als Vorbild dienten ihm dabei antike römische Aquädukte, also Bauwerke, die zum Transpvort von Wasser genutzt wurden und die als Meisterwerke der antiken römischen Ingenieurskunst gelten. Bei dem Aquädukt im Bergpark wird das Wasser kanalisiert und über 14 Bögen geführt. Plötzlich bricht das Bauwerk ab, das scheinbar gerade im Einsturz begriffen ist. Das Wasser stürzt nun 43 Meter tief in einen kleinen See, der dramatisch von schroffen Felspartien eingefasst ist. Über die Peneuskaskaden fließt das Wasser dann weiter in den Fontänenteich.

Das optisch eindrucksvolle Bild – dank des herabstürzenden Wassers aber auch dramatische Klangbild – versinnbildlicht gleichermaßen die Macht menschlicher Technik, aber auch die Macht der Natur. Als Gegenstück zu dieser antikisierenden Ruine des Aquädukts war auf der anderen Seite der barocken Achse ein ruinöser mittelalterlicher Turm geplant, wobei sich dieses Bauprojekt rasch zum Bau der heute erhaltenen Löwenburg ausweitete.

Bei den Wasserkünsten stürzen gewaltige Wassermassen das Aquädukt herab.

Die Löwenburg – zur Baugeschichte

Wilhelm IX./I. hatte bereits zwischen 1779 und 1781 in Wilhelmsbad einen mittelalterlichen Turm in Form einer Ruine errichten lassen, der ein fürstliches Appartement enthielt. Spätestens mit dem Bau des Aquäduktes, »ein Stück des alten Roms«, wie der Hofdichter Johann Wilhelm Casparson (1729 – 1802) es beschrieb, entstand die Idee, als Gegenstück eine mittelalterliche Ruine auch im Bergpark von Kassel zu errichten. Der Gartenplan von 1788 verzeichnet dort bereits eine »projectierte gotische Runie«. Casparson kommentierte dies damit, dass dem alten Rom das alte Deutschland gegenübergestellt werden solle.

Heinrich Christoph Jussow, Entwurf zum Osttrakt der Löwenburg, Aufriss von Osten, spätestens November 1793

Bereits ab 1790 bereiste Heinrich Christoph Jussow mehrere mittelalterliche Ruinen in Hessen, um deren Bauweise zu studieren. Nachweisen lässt sich ein Besuch der Burgen Löwenstein und Jesberg, von denen sich Skizzen von seiner Hand erhalten haben. 1793 legte er dann Wilhelm IX./I. mehrere Entwürfe vor, und im November desselben Jahres fiel die Entscheidung für einen ruinösen Turm mit vier Etagen, der ein vollständiges Appartement für den Fürsten enthalten sollte. So war die Einrichtung eines Schlafzimmers mit Garderobe und Kabinett im Erdgeschoss geplant, ein größeres Kabinett und Vorzimmer im Zwischengeschoss, ein Salon in der Beletage und drei Kammern für Bedienstete im Obergeschoss. In weiteren, sehr ruinös gehaltenen Gebäudeteilen sollten Nebenräume sowie eine Küche untergebracht werden. Die Grundsteinlegung für den Turm erfolgte bereits im Dezember 1793.

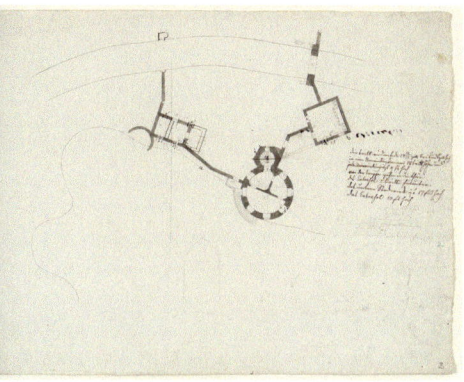

Heinricht Christoph Jussow, Entwurf zum Grundriss der Löwenburg, spätestens November 1793

In der komplexen Baugeschichte der Löwenburg folgte nun ein Stakkato an Entwürfen für den Grundriss und die Fassaden in einem engen Zusammenspiel zwischen Wilhelm IX./I. und seinem Architekten Jussow. Neben diesen Zeichnungen ist das Baugeschehen zwischen 1785 bis 1801 in den »Historischen Nachrichten« nachzuvollziehen, die zunächst von dem Hofbibliothekar Friedrich Wilhelm Strieder (1739 – 1815), ab 1795 dann wohl von Jussow selbst aufgezeichnet wurden. Demnach muss es bereits kurz nach Baubeginn zu einer erheblichen Erweiterung der Planungen gekommen sein. So erwähnt Strieder für das Jahr 1794 neben dem großen Turm zwei daran an-

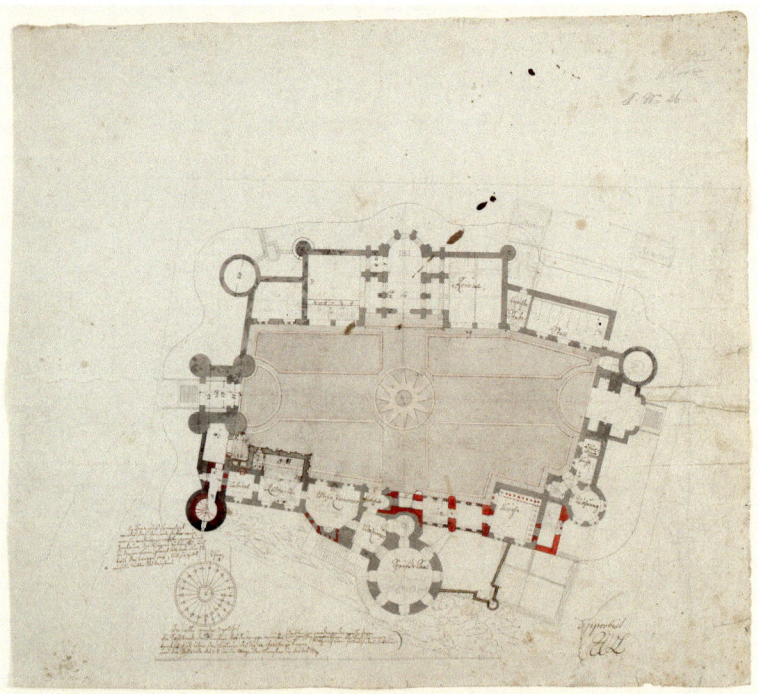

Heinrich Christoph Jussow, Entwurf für das Erdgeschoss der Löwenburg, Grundriss, ab Winter 1794/95

schließende Zimmer, die Küche, die Türmers-Wohnung und ein daran anschließendes Tor, wobei sich gerade die Türmers-Wohnung und das Nordtor in den gezeichneten Plänen von 1793 noch nicht nachweisen lassen. Um 1794/95 kam es dann wohl zu der entscheidenden Planänderung: Anstatt nur eine mittelalterliche Ruine im Bergpark zu errichten, sollte ein gesamtes Bergschloss erschaffen werden, das damals noch als »Felsenburg« bezeichnet wurde. So erwähnen die »Historischen Nachrichten« 1795 bereits den Osttrakt mit seinem vierstöckigen Donjon, das Süd- und das Nordtor, den Nordtrakt mit der Burgvogtswohnung, sowie für den Westtrakt eine Kapelle und ein Marstallgebäude. So entwickelte sich der ursprünglich projektierte Turm in kürzester Zeit zu einer Vierflügelanlage und somit zu einer vollständigen Burganlage. Der ruinenhafte Charakter ging teilweise verloren, dafür aber entstand ein vollendeter Bau der Neogotik.

Neogotik – über das Kopieren eines Stils

Bereits während des Klassizismus griff man auf historische Stile der griechischen und römischen Antike zurück. Dies setzte sich fort, indem man sich noch während des späten 18. Jahrhunderts auch die eigene Vergangenheit zum Vorbild nahm, das Mittelalter. Diese Entwicklung ist prägend für das gesamte 19. Jahrhundert, als nicht nur Gotik und Romanik, sondern auch Barock und Renaissance in Architektur und Innenausstattung als richtungsweisend empfunden wurden – das Zeitalter des Historismus. Dabei ging es nicht nur darum, die historischen Vorbilder zu kopieren, sondern man strebte eine Vervollkommnung der Stile an, und die Stile sollten den neuen Bauaufgaben angepasst werden. So entstanden nicht nur Wohnschlösser, Kirchen und Rathäuser im Stile der Gotik, der Renaissance oder des Barock, sondern auch Bahnhöfe, Parlamente oder Fabrikgebäude.

Gotisches Haus im Wörlitzer Park, Gartenreich Dessau Wörlitz

Während des späten 18. Jahrhunderts setzten sich gotisierende Bauten als Staffagen in Landschaftsgärten durch. Oft bildete dabei die Grundlage ein schlichter, klassizistischer Kubus, auf den dekorative gotische Schmuckformen aufgelegt wurden, wie etwa im »Gotischen Haus« im Wörlitzer Park, das kurz vor der Löwenburg 1786/1787 errichtet worden war. Ein ähnliches Vorgehen findet man in Kassel auch im Dörfchen Mulang, wo ähnlich schlichte Baukuben nun mit chinoisen Elementen verändert wurden. Das intensive Studium tatsächlich mittelalterlicher Bauten, wie es Jussow ab 1790 in Hessen betrieb, führte dazu, dass man den mittelalterlich-gotischen Charakter besser erfasste und baulich wiederzugeben verstand. Die Vorbilder konnten dabei sehr unterschiedlich sein: So erinnert der große Turm der Löwenburg an die Bergfriede mittelalterlicher Burgen Deutschlands, das Südtor weist auf französische Vorbilder hin, während die Fassade der Kirche italienisch beeinflusst ist. Die einzelnen Elemente wurden zu einem malerisch wirkenden Ganzen zusammengefügt, wobei viele Details von den historischen Vorbildern abweichen. Erst im Laufe des 19. Jahrhunderts – verbunden mit einer Fortschreibung der historischen und kunstgeschichtlichen Forschung – werden auch die Details bei den historistischen Bauten genauer, wenngleich sie freie Nachschöpfungen sind. Eines der schönsten Beispiele ist hierfür sicherlich das ab 1869, also Jahrzehnte nach der Löwenburg errichtete Schloss Neuschwanstein in Bayern.

Mit der Ausführung der nun geschlossenen Burganlage war man bis 1798 beschäftigt, wobei auch in diesen Jahren weitere Planänderungen hinzukamen. So begann man ab 1796, die bislang einstöckigen Gebäudeteile aufzustocken. Im selben Jahr wurde das bis dahin »Felsenburg« genannte Gebäudeensemble in »Löwenburg« umbenannt., womit die Anlage nun dynastisch mit dem Haus Hessen-Kassel verbunden war, ist der Löwe doch das Wappentier Hessens.

Etwas länger zog sich die Planung der Burgkapelle hin, die sich im Planentwurf von 1794/95 noch als einschiffige Halle darstellte. Zunächst eingeschossig angelegt, wurde sie bald schon zweigeschossig geplant – bald darauf erhöhte man auch die daneben liegenden Ge-

Heinrich Christoph Jussow, Entwurf für die Fassade der Burgkapelle, Aufriss, Winter 1794/95

bäude um eine Etage. Zunächst errichtete man 1796 das Fundament und das erste Geschoss, doch kam der Bau dann zum Erliegen. Erst 1798 verkündete Jussow in den »Historischen Nachrichten« die Fertigstellung der Burgkapelle. Die Fassade weist dabei Bezüge zu den Fassaden der Dome in Siena und Orvieto auf, ohne dass man weiß, ob Jussow bei seiner Italienreise diese Orte auch tatsächlich besucht hat. Die Anlage der Gruft verrät, dass die Kapelle schon früh als Grablege für Wilhelm IX./I. vorgesehen war.

1798 wurde die Löwenburg feierlich eingeweiht. In den darauffolgenden Jahren folgten noch Erweiterungen im Damenbau und am Marstall, sowie der Bau des Wachgebäudes am Südtor mit Glockenturm. 1801 waren auch die Ausstattungsarbeiten im Inneren abgeschlossen. Letzte kleinere Baumaßnahmen zogen sich bis 1805 hin.

Während der französischen Besatzung kam es zu geringfügigen Veränderungen im Inneren, die aber bis 1816 nach der Rückkehr von Wilhelm IX./I. wieder korrigiert wurden. Im Wesentlichen blieb die Innenausstattung bis 1866 unverändert, als Preußen Hessen-Kassel annektierte. Kurz zuvor traten allerdings konstruktive Mängel bei dem über 30 Meter hohen Bergfried auf, die nicht nur in der Verwendung des weichen Tuffsteins begründet waren, sondern auch mit der Gründung des Turms zusammenhängen. So entschied man sich dazu, den Turm abzutragen, der in der Folge 1858 und 1861 von Heinrich von Dehn-Rotfelser (1825–1885) wiederaufgebaut wurde. Im Wesentlichen orientierte sich Dehn-Rotfelser an Jussows Plan, und so sollten Speisezimmer und Bibliothek bis ins Detail wiederaufgebaut werden. Durch die besseren Kenntnisse über mittelalterliche Bauten schlug Dehn-Rotfelser aber eine Änderung des Rittersaales vor, den er aufgrund seiner Aussicht für den vorzüglichsten aller Gesellschaftsräume hielt. In seinen 1860 vorgelegten Planungen veränderte er vor allem die Form der Kuppel des Festsaals wie auch dessen Ausstattung. Entsprechend seinen Wünschen wurde der Wiederaufbau des Turms durchgeführt.

Dehn-Rotfelser und der Beginn der Denkmalpflege in Hessen

Heinrich von Dehn-Rotfelser wurde 1825 als Sohn eines Baumeisters in Hanau geboren. Nach Beendigung seiner Ausbildung trat er 1847 in den Dienst des hessischen Kurfürsten Friedrich Wilhelm I. (1802 – 1875) und war vor allem in Wilhelmshöhe tätig. 1865 wurde Dehn-Rotfelser zum Oberhofbaumeister ernannt, und drei Jahre später wurde er als Professor an die Kunstakademie berufen. Seine genauen Studien der historischen Bauwerke in Hessen mündete in wichtigen Schriften, so dem mehrbändigen Werk »Mittelalterliche Baudenkmäler in Kurhessen«, Kassel 1862 – 1866 oder »Die Baudenkmäler im Regierungsbezirk Cassel«, Kassel 1870, das er zusammen mit Wilhelm Lotz verfasste. Neben dieser theoretischen Auseinandersetzung war er auch mit größeren praktischen Aufgaben befasst. Hierzu gehören neben der Wiedererrichtung des Bergfrieds der Löwenburg unter anderem der Neubau der Kasseler Gemäldegalerie im Stil der Neorenaissance (1872 – 1877), der heutigen Neuen Galerie. Nach der preußischen Annektion von Hessen wurde Dehn-Rotfelser 1878 in den Dienstrang eines Regierungs- und Baurates nach Potsdam versetzt und ab 1882 als Geheimer Regierungsrat endgültig zum Konservator der Kunstdenkmäler im preußischen Staat ernannt. Er starb 1885 in Berlin. Mit der Wiedererrichtung des Bergfrieds war der Bau der Löwenburg abgeschlossen und sollte fast hundert Jahre unverändert die Zeit überdauern. Am 29. Januar 1945 wurde der Bau allerdings von zwei Fliegerbomben getroffen, die den Bergfried, die Ostseite und den Küchenbau schwer beschädigten. Nach dem Krieg begann man mit Instandsetzungsarbeiten der Burg, und nach ihrer Fertigstellung übergab man sie wieder der Öffentlichkeit. Durch das Fehlen des Turms mit seinen Hauptgesellschaftsräumen waren die Funktionszusammenhänge des Baus allerdings nur noch bedingt nachvollziehbar. Die Räume, deren Innenausstattung zuvor ausgelagert worden waren, wurden in einer eher freien musealen Einrichtung gestaltet. 2005 wurden die Grundinstandsetzung und Wiederherstellung eingeleitet, die unter anderem auch den Wiederaufbau des Turms vorsah. Dank der hohen Investitionen des Landes Hessen kann nun ein großer Teil der Löwenburg mit den prunkvollen Appartements der Belle Etage der Öffentlichkeit übergeben werden.

Carl Heinrich Arnold, Porträt von Heinrich von Dehn-Rotfelser, 1846

Die Löwenburg – ihre unmittelbare Umgebung

Von Anfang an erforderte die Löwenburg als Staffagearchitektur die Einbindung in die unmittelbar sie umgebende Landschaft. Auch hier kam es – wie beim Bau – zu einer ständigen Erweiterung und Umplanung. Nachdem der Plan zur Anlage einer komplexen Burganlage ins Gespräch kam, entwickelten Wilhelm IX./I. zusammen mit seinem Architekten und wohl auch dem Gartenbaumeister eine Szenerie, die die Burg – ähnlich dem Aquädukt – zum Zentrum einer Wasserkunst werden lassen sollte. Dafür wollte man vor dem Südtrakt der Löwenburg einen Bach vorbeileiten, der sich über die mächtigen Felsen der steil abfallenden Wolfsschlucht, einem ehemaligen Steinbruch, hinabstürzen sollte. Jussow veranschlagte die Kosten hierfür auf etwa 50.000 Taler, was etwa einem Drittel der Gesamtkosten der Löwenburg entsprochen hätte. Weite Teile dieser Inszenierung wurden umgesetzt – ob das Projekt dann 1797 aufgegeben wurde, weil die Finanzierung

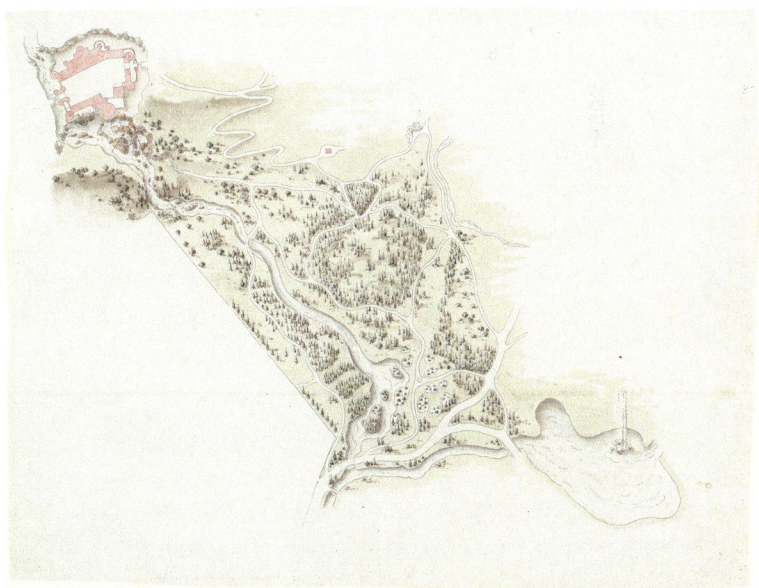

Heinrich Christoph Jussow, Entwurf zum Wasserfall in der Wolfsschlucht unterhalb der Löwenburg, Lageplan, Winter 1794/95

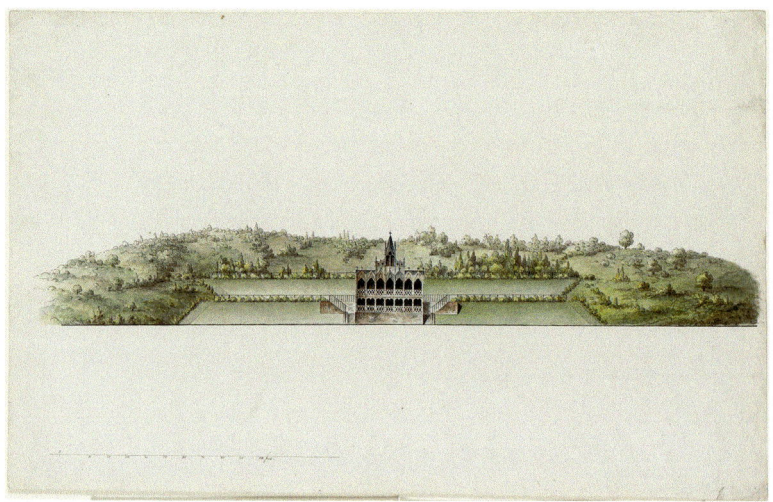

Heinrich Christoph Jussow, Entwurf zur Tribüne am Turnierplatz inmitten ihrer landschaftlichen Umgebung, Aufriss, 1800

nicht gesichert war oder ob das hierfür notwendige Wasser nicht in ausreichendem Maß vorhanden war, lässt sich heute schwerlich entscheiden, vielleicht war es eine Kombination aus beidem. Denn das von der Drusel abgeleitete Wasser diente auch der Inszenierung der großen Wasserbilder an der Teufelsbrücke, dem Aquädukt und der Großen Fontäne, und so hätte eine weitere Wasserkunst, gespeist aus dieser Quelle, zu Problemen führen können.

Auch wenn der dramatische Wasserfall die Wolfsschlucht hinunter nicht angelegt wurde, so ließ Jussow doch zur Steigerung der heroischen Wirkung künstliche Felsen auftürmen. Im Westen der Burganlage ließ er die Fläche hingegen planieren, um einen Turnierplatz anzulegen. Dazu wurde aus Holz eine gotisierende, eingeschossige Tribüne angelegt, die allerdings heute nicht mehr vorhanden ist.

Auf der Nordseite entstand ein Burggarten, der in den »Historischen Nachrichten« für das Jahr 1800 wie folgt beschrieben wird: Vor dem Damenbau »... verschönert ein im alten Geschmack mit geschnitten und in mancherley Gestalten geformten Hecken und Bäumen, Baßins,

Springbrunnen, Statuen; Bogengängen und Vogelhäußern angelegter Garten die Gegend und erhöht die Täuschung vom würklichen Alter der Burg.« Der so inszenierte Garten, der offenbar eher den Gärten der Renaissance als denen des Mittelalters entsprochen hat, steht dabei im Kontrast zu den ihn umgebenden Landschaftsgarten. Heute haben sich noch die geschnittenen Hecken erhalten, in deren inneren Rasenflächen einst Obstbäume die Selbstversorgung der Burgbewohner sichern sollten. Die Skulptur der Venus mit dem Amorknaben stellt eine Allegorie der Liebe dar und unterstreicht die romantische Lieblichkeit der Anlage. An der Nordostecke des Burggartens, an der Oberkante des Weinberges, der ebenso der Selbstversorgung diente, entstand eine kleine Gartenlaube aus Linden, die dem Besucher ein beeindruckendes Panorama auf Schloss Wilhelmshöhe und die Stadt Kassel erlaubte. Weiterhin gruppierten sich um die Löwenburg eine Wiese mit Obstbäumen, ein Gemüsegarten und ein Tiergehege, in dem wohl Dammwild gehalten wurde. Dies alles trug dazu bei, die Löwenburg als eine tatsächlich historisch gewachsene Anlage zu inszenieren, in der sich die Bewohner nicht nur selbst versorgen konnten, sondern die ihnen auch Ergötzung und Mußestunden erlaubte.

Ansicht des Burggartens im Frühsommer

Die Löwenburg – ihre Funktion

Wie erwähnt, war der ursprünglich vorgesehene »Felsenturm« nur als eine Staffagearchitektur innerhalb des Landschaftsgartens gedacht gewesen. Das dem Turm inne liegende Appartement bot nur dem Landgrafen Platz für einen kurzen Aufenthalt. Gäste konnten hier zwar empfangen werden, die Möglichkeit zu einer Übernachtung war aber nicht gegeben. Durch das Anwachsen der Anlage zu einer gesamten Burganlage verschob sich ihre Funktion, die jetzt auch politisch-dynastisch verstanden werden kann.

Um 1790 steigerte das Haus Hessen-Kassel seine Bemühungen, den Kurfürstentitel zu erhalten. Brachte der Bau des Schlosses Wilhelmshöhe die finanziellen Mittel, die der Dynastie zur Verfügung standen, zum Ausdruck, so der Bau der Löwenburg die Altehrwürdigkeit der Familie. So war es wichtig, die Löwenburg als einen dynastischen Bau zu inszenieren, zu einer historischen, über mehrere Generationen gewachsenen scheinbaren Stammburg des Hauses. Schon der Name »Löwenburg« spielt auf das hessische Wappentier an. Visuell wurde das durch zwei Steinlöwen zum Ausdruck gebracht, die vor dem Palas aufgestellt wurden. Gegenüber setzte man vor das Portal der Kirche eine Sandsteinfigur der Elisabeth von Thüringen (1207 – 1231), die bereits 1235 heiliggesprochen worden war und als Stammmutter des Hauses Hessen-Kassel gilt. Auch im Inneren der Burg verwies die Ausstattung auf den seit Jahrhunderten andauernden Aufstieg des Hauses, was durch verschiedene Ahnenbilder und Bildnisse von europäischen Bündnispartnern verdeutlicht wurde. Das Mobiliar aus verschiedenen Epochen sollte diesen Eindruck noch unterstreichen. Die neben der Kirche gelegene große Rüstkammer unterstrich die althergebrachte Wehrhaftigkeit des Hauses Hessen-Kassel. Die Löwenburg wurde so zum Ausdruck altehrwürdiger fürstlicher Souveränität.

Weiterhin kam der Löwenburg durch ihren Ausbau der Charakter eines Wohnschlosses zu. Statt des singulären Appartements für den

Die Neogotik als politisches Symbol

Mit dem Bau des Nauener Tors in Potsdam (1755) durch Friedrich II. von Preußen (1712–1786) im gotischen Stil bekam die Neogotik eine nationale Ausrichtung, wurde damit doch die Verbundenheit mit dem mittelalterlichen Kaiserreich zum Ausdruck gebracht. Gerade während der Krise des Ancien Régime nach der Französischen Revolution von 1789 verstärkte sich diese politische Aussage: Das Mittelalter und damit die Gotik brachten die Sehnsucht nach der vermeintlichen politischen Stärke des Kaiserreiches zum Ausdruck, wie man auch die religiöse Einheit vermisste. Zudem sah man gerade in der Gotik einen zutiefst deutschen Stil. Von besonderer Bedeutung war der von Johann Wolfgang von Goethe (1749–1832) 1773 veröffentlichte Aufsatz »Von deutscher Baukunst«. Dabei beschrieb Goethe den deutschen Baumeister Erwin von Steinbach (um 1244–1318) als den alleinigen Baumeister des Straßburger Münsters. Dies löste in breiten Schichten eine Begeisterung für die gotische Architektur aus, die lange Zeit verachtet worden war. Goethe war dabei allerdings nicht bekannt, dass die Gotik ihre Anfänge in Frankreich hatte. Dennoch wurde an der nationalen Bedeutung der Gotik auch noch in den folgenden Jahrzehnten festgehalten. Besonders während der Romantik zu Beginn des 19. Jahrhunderts entstand eine Schwärmerei für die Gotik, insbesondere für die großen Dome und Burgen des Mittelalters. Künstlerischer Ausdruck hierfür sind der Aufsatz »Grundzüge der gotischen Baukunst« von Friedrich Schlegel (1772–1829), die Gemälde von Caspar David Friedrich (1774–1840) oder Carl Gustav Carus (1789–1869) oder aber die Architekturentwürfe von Karl Friedrich Schinkel (1781–1841). Durch die fortgeschrittene kunsthistorische Forschung des 19. Jahrhunderts wurde der Ursprung der Gotik in Frankreich deutlich. In der zweiten Hälfte des 19. Jahrhunderts sah man vor allem in der deutschen Renaissance die nationale Identität bestätigt, hier wurden Albrecht Dürer (1471–1528) und Martin Luther (1483–1546) zu wichtigen Protagonisten.

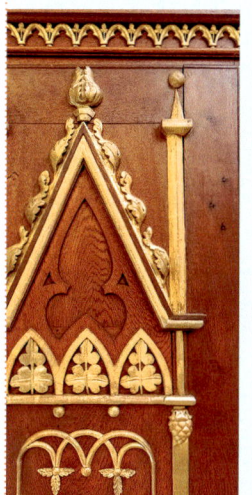

In der Löwenburg ging die Gotik-Begeisterung so weit, dass sich Wilhelm IX. durch seinen Architekten Jussow auch gotisierende Möbel entwerfen ließ.

Landesherren wurden im Turm mehre Gesellschaftszimmer untergebracht, das Speisezimmer, die Bibliothek und der Rittersaal, der als Festsaal diente. Der durch den Turm geteilte Palas-Bau enthielt in der Beletage die umfangreichen Appartements für den Landgrafen und seine Gemahlin, die neben einem Vorzimmer und einem Schlafzimmer auch ein Kabinett und verschiedene Nebenräume wie jeweils eine Garderobe umfassten. Auch fanden sich im Palas vergleichbare Gästeappartements, die einen längeren Aufenthalt für ranghohe Besucher ermöglichten. Zahlreiche Räume dienten der Unterbringung der Dienerschaft, aber auch des Burgvogtes und der Garde. Marstall und Remise wiesen den Bau zudem als Wohnschloss aus – das aber nur selten tatsächlich genutzt wurde. Auch verfügte die Löwenburg über eine Konditorei und eine Silberkammer.

Eine weitere Funktion der Löwenburg lag darin, dass sie dem Bauherrn, Wilhelm IX./I. als Grablege dienen sollte. Hierauf verweist die Gruft in der Schlosskirche, die einzig dazu bestimmt war, dem Kurfürsten allein eine letzte Ruhestätte zu gewähren.

Vor allem aber ist die Löwenburg eines: Eine Art Raritäten- und Kuriositätenkabinett der landgräflich-dynastischen Geschichte. Sowohl die Baudetails wie auch die Ahnenporträts und Möbel im Inneren bis hin zu den letzten Details verweisen immer wieder auf das Haus Hessen-Kassel. Durch die Erklärungen des Hausherren Wilhelm IX./I. erhielten die Objekte Lebendigkeit und vermittelten dem geführten Besucher den Glanz der Dynastie des Hauses Hessen-Kassel im Laufe der Jahrhunderte.

Die Löwenburg – ihre Bewohner

Auch wenn die Löwenburg in vollem Umfang einer fürstlichen Wohnanlage entspricht, wies sie kaum ständige Bewohner auf. Mit Sicherheit gehörten der Burgvogt und einige Angestellte zu den ständig Ansässigen, die sich um das Anwesen mit den zugehörigen Grundstücken und das Vieh kümmern mussten. Für den Burgvogt, also dem Verwalter der Anlage, wurde dementsprechend eine eigene Wohnung im Norden der Anlage eingerichtet.

Wie bei anderen Lustschlössern auch hielt sich die fürstliche Gesellschaft nur gelegentlich in der Löwenburg auf. Bei einem angekündigten, mehrtägigen Aufenthalt mussten Lustschlösser entsprechend vorbereitet werden. So wurden die Hussen von den Möbeln genommen, Dienerzimmer wurden hergerichtet, Küche und Weinkeller mussten aufgestockt werden. Allerdings sind nur zwei längere Aufenthalte Wilhelms IX./I. in der Löwenburg überliefert; und dass die Löwenburg seiner Mätresse, Karoline von Schlotheim, als ständiger Wohnsitz gedient haben soll, dürfte eher eine Legende sein.

Einer dieser mehrtägigen Aufenthalte des Fürsten fand statt, als Friedrich Wilhelm III. (1770 – 1840) von Preußen mit seiner Gemahlin Luise (1776 – 1810) 1799 nach Kassel reisten. Das ranghöhere Königspaar bekam Schloss Wilhelmshöhe als Wohnsitz zugewiesen, während Wilhelm IX./I. sich auf die Löwenburg zurückzog. Am 9. Juni 1799 be-

Friedrich Georg Weitsch, Friedrich Wilhelm III. von Preußen und Königin Luise im Schlossgarten Charlottenburg, 1799, Stiftung Preußische Schlösser und Gärten Berlin-Brandenburg

suchte man gemeinsam die Löwenburg. Aus diesem Anlass verfasste der Hofpoet Casparson ein Gedicht mit dem Titel »Der Geist der Ritterzeit«, in dem die ruhmvolle Vergangenheit der Hohenzollern besungen wird. Durch den Besuch der Burg wurde diese nun mit der Tatkraft des Bauherrn und der Leistung der Ahnen des Hauses Hessen-Kassel in Verbindung gebracht.

Ansonsten sind eher kurze, mehrstündige Aufenthalte des Landgrafen und späteren Kurfürsten auf der Löwenburg bekannt. So zog er sich regelmäßig am Neujahrstag an diesen Ort zurück, wahrscheinlich zur kontemplativen Einkehr, sollte die Burg ihm doch später auch als Grablege dienen.

Heinrich Christoph Jussow, Entwurf einer nächtlichen Illumination des Osttrakts, Aufriss von Osten, vor September 1798, Potsdam, Stiftung Preußische Schlösser und Gärten Berlin-Brandenburg, Plankammer

Die Burg wurde den Besuchern vor allem als Schaustück für die Geschichte des Hauses Hessen-Kassel vorgeführt. Auch konnte die Burg Teil ambitionierter Illuminierungen oder anderer Gartenfeste sein. So hat sich aus der Hand Jussows eine Zeichnung erhalten, die eine solche Illumination in Form der brennenden Burganlage vorführt, wie sie vermutlich anlässlich der feierlichen Eröffnung 1798 stattgefunden haben mag.

Inwieweit man sich anlässlich solcher Besuche und Aufenthalte auch kostümierte, um das historisierende Bild der Löwenburg im Inneren und Äußeren nicht zu täuschen, bleibt unbekannt. Verbürgt ist hingegen, dass die Schweizer Garde, also die Leibwache Wilhelms IX./I., Bärenfellmützen trug, die als altmodisch empfunden wurden. Zeitgenössische Bezeichnungen der Räume wie »Ritterordensaal«, des »Burgherren Zimmer«, »Zimmer für den Burg Pfaffen« oder die »Knappen« deuten wohl an, dass sich auch die Besucher der Illusion des gelebten Mittelalters hingeben wollten, was eine mögliche Kostümierung der Hofgesellschaft nahelegt.

Die Löwenburg – ihre Einrichtung

Die Löwenburg sollte als eine Legitimation der fürstlichen Souveränität und der »Anciennität« des Hauses Hessen-Kassel, also der Altehrwürdigkeit, empfunden werden. Hierzu diente nicht nur das scheinbar historisch gewachsene Gebäude mit seinen Verweisen auf die Dynastie in Form der steinernen Löwen und dem Standbild der Heiligen Elisabeth vor der Burgkapelle, sondern auch das Innere sollte auf diesen seit Jahrhunderten bestehenden Anspruch verweisen. Wie im Äußeren ist auch im Inneren die Einrichtung stilistisch nicht

Heinrich Christoph Jussow, Entwurf eines Schrankes im neogotischen Stil, Vorder-, Seiten- und Innenansicht, um 1800

einheitlich, sondern setzt sich aus teilweise historischem Mobiliar zusammen, überwiegend aus der Zeit der Renaissance und des Barock. Somit war das Mobiliar mehrere Generationen alt und wirkte auf den Besucher altmodisch, auch wenn es keineswegs mittelalterlich war. Eine wichtige Rolle spielten zudem eine Vielzahl von Porträts der Ahnen des Hauses wie auch die politisch eng verbundenen oder dynastisch verwandten Familien, die auf das Netzwerk des Hauses verweisen sollten. Wilhelm IX./I. führte persönlich Aufsicht bei der Hängung der Kunstwerke, wie er überhaupt einen gewichtigen persönlichen Einfluss auf die Einrichtung seiner Burg ausübte.

Im Wesentlichen speiste sich die Möblierung aus drei Quellen: Zum einen waren dies Möbel, die Heinrich Christoph Jussow für diesen Ort eigens entwarf. Hierzu zählen unter anderem Schreibtische, Ofenschirme, Stühle und auch ein Aktenschrank. Diese Möbel weisen in der Regel eine klassizistische Grundstruktur auf, auf die dann eine gotisierende Ornamentik gesetzt wurde. Sie entspringen also ganz dem Geist des »gothic revival«, wie es um 1800 in Mode gekommen war. Sicherlich konnten die Zeitgenossen erkennen, dass es sich bei diesen Möbeln um Neuschöpfungen handelte. Eine weitere Quelle stellten besonders prunkvolle Einzelmöbel dar, die teilweise den Sammlungen des Hauses Hessen, die im Kunsthaus bzw. im Fridericianum aufgestellt waren, entnommen wurden. Hierzu gehört ein Teil der Kabinettschränke, die in der Bibliothek standen, aber auch die Tischplatte von Andreas Pleninger. Hauptsächlich aber entstammte das Mobiliar aus hessischen Schlössern, das man zusammentrug und restaurierte, um es in der Burg aufzustellen. Manche Möbel wurden offenbar – als sehr frühes Beispiel des Historismus – speziell nachgebaut. So weist eine Reihe von Stühlen in der Bibliothek den Brandstempel MA unter einer Krone auf. Dies verweist darauf, dass die Stühle aus dem Besitz der Maria Amalia von Kurland (1653–1711) stammten, der Gemahlin von Landgraf Carl. Allerdings sind die Brandstempel mehrmals wiederholt und an deutlich sichtbaren Stellen angebracht worden, was im späten 17. bzw. frühen 18. Jahrhunderts unüblich war. Auch ist die Konstruktion der Möbel sehr einfach und in keinster Weise funktional. Es sind eher »Theatermöbel« als tatsächlich zu verwendende Möbel. So liegt es nahe, dass man diese Stühle im »alten Stile« zur dekorativen Aufstellung anfertigen ließ, und sie durch nachträglich angebrachte Schlagstempel historisch »veredelte«.

Schlagstempel mit dem gekrönten Monogramm MA auf einem der Stühle

Mobile Ausstattungen von Schlössern wurden meist nach der jeweils vorherrschenden Mode oder nach Vorlieben der wechselnden Bewohner ausgetauscht. Die Ausstattung der Löwenburg blieb im Wesentlichen bis 1866 unangetastet. Einzig während der französischen Besatzung kam es zu einigen Veränderungen, die Wilhelm IX./I. aber sofort nach seiner Rückkehr 1813 rückgängig machen ließ. So bildet das Inventar von 1816 die Grundlage für die heutige Einrichtung der Burg, von der sich der größte Teil an Gemälden, Möbelstücken und auch Dekorationsstücken erhalten hat. Zu größeren Verlusten kam es dann nach 1866 während der preußischen Zeit. So wurden nicht nur einzelne Polsterungen ausgewechselt, weil sie wohl verschlissen waren, sondern es wurden auch einzelne Möbel, die bedeutendsten Teile der Rüstkammer sowie ein großer Teil des Plankammerbestandes nach Potsdam verbracht, wo sie sich noch heute befinden.

Die Löwenburg – ein Rundgang

Blickt man von Schloss Wilhelmshöhe hoch zur Löwenburg, so erhebt sich eine mächtige mittelalterliche Anlage mit alles überragendem Bergfried aus den Baumwipfeln. Je näher man an die Burg bergauf voranschreitet, desto überschaubarer werden die Dimensionen. Es lohnt, vor einem Besuch die Burg zu umrunden, nicht nur, um auch die dazugehörigen Parkanlagen wie den Burggarten oder die Turnieranlage zu besichtigen, sondern auch, um die zum Teil kleinteilige, gotisierende Dekoration der Burg zu bewundern. Überwiegend weist das Äußere den wehrhaften Charakter einer Burganlage auf, wenngleich der Bauschmuck viel zu reich und detailliert ist, um tatsächlich Feinde abwehren zu können. Risse und Ausbrüche deuten den ruinenhaften Charakter der Anlage an, der durch die Verwendung des rauen, der Witterung bald nachgebenden Tuffsteins betont wird. Immer wieder sind Bauänderungen wie zugemauerte Fenster sowohl im Äußeren wie auch im Burghof zu erkennen, die entweder künstlich eingefügt wurden, um den über Jahrhunderte gewachsenen Charakter zu verdeutlichen, oder tatsächlich durch das sprunghaft sich ändernde rasche Baugeschehen entstanden sind. Die malerisch komponierte Anlage mit ihren verschiedenen Gebäuden und Mauern, Türmen und Türmchen in unterschiedlicher Gestalt lässt sich von außen gut betrachten, wobei aber den einzelnen Gebäudeteilen meist keine Funktion abzulesen ist. Durchschreitet man aber über die Zugbrücken eines der beiden Tore und tritt auf den Hof, so findet man schnell einen doch sehr geordneten Zustand vor, in dem sich die einzelnen Gebäudeteile rasch einer Funktion zuordnen lassen: Westlich gelegen finden sich die Burgkapelle, Rüstkammer und Stallungen, deren Zugang durch einen Pferdekopf betont wird, und der Palas auf der Ostseite, der durch den Bergfried scheinbar in zwei Teile getrennt wird, dem Herrenbau auf der südlichen, dem

Der wieder errichtete Bergfried

Damenbau auf der nördlichen Seite. Bereits am Südtor findet sich nicht nur ein Wappenschild mit Löwen, sondern auch die Jahreszahl 1495, die in der Pflasterung des Hofes noch einmal aufgegriffen wird. 1495 war in Worms der Reichstag zusammengetreten, auf dem nicht nur grundlegende Reichsreformen wie die Gründung des Reichskammergerichts und der »Ewige Landfrieden« beschlossen worden waren, sondern auch die Einrichtung von Reichskreisen mit Reichstagen, die die Stellung der Reichsfürsten deutlich stärkten. Weiterhin erfolgte – und dies dürfte für Wilhelm IX./I. ausschlaggebend gewesen sein – auf dem Reichstag in Worms die Gesamtbelehnung seines Vorfahrens Wilhelms II. (1469 – 1509) mit der reichen Grafschaft Katzenelnbogen, die nicht unerheblich zum Aufstieg des Hauses Hessen-Kassel beigetragen hat.

Ⓐ Eingangsraum

Dem Besucher des späten 18. Jahrhunderts muss es seltsam erschienen sein, wurde er in das Hauptgebäude der Löwenburg eingelassen, den Palas: Statt in einem weitläufigen Vestibül fand er sich in einer relativ beengten Situation wieder. Auch führte ihn kein repräsentatives Treppenhaus in die Belle Etage, sondern ein schmaler Treppenturm brachte ihn weiter. Die nächste Überraschung bestand darin, dass die Gesellschaftsräume nicht horizontal angeordnet waren, sondern vertikal – im Bergfried liegen das Speisezimmer, die Bibliothek und der Festsaal übereinander.

Der Eingangsraum ist bislang nur baulich saniert, während die Ausstattung noch fehlt. Den Schmuck bildet derzeit einzig der aufwendig gestaltete Tisch mit der Platte von Andreas Pleninger aus dem Jahr 1605, der einen Durchmesser von 1,55 Metern aufweist. Die Platte wurde dankenswerter Weise mit der großzügigen finanziellen Unterstützung des Museumsvereins restauriert, wobei es sich bei dem Tischfuß um eine Neuanfertigung handelt.

Die Tischplatte ist aus geätztem Stein gearbeitet, die Darstellungen wurden polychrom gefasst. In der Mitte ist das Midasurteil dargestellt, der musikalische Wettbewerb zwischen Apollo und Pan. Da Midas in dem Wettstreit dem unterlegenen Pan seine Zustimmung gab, verwandelte Apollo die Ohren des Midas in Eselsohren. Die Darstellung folgt einem 1590 entstandenen Kupferstich von Hendrik Goltzius (1558 – 1616). Die Szene ist durch ein umgebendes Schriftband kommentiert. Der äußere, breite Ring zeigt im Wechsel Kreise und Ovale, wobei die Ovale die Noten eines sechsstimmigen Kanons mit deutschem Text und die Kreise ein Madrigal in lateinischer Sprache wiedergeben: »Musica noster amor« - »Die Musica gönt uns gott zu freud, dran wünn die Menschen diser Zeit, Ihr übung han in Ewigkeit.« Die Zwickel zwischen den Kreisen und Ovalen füllen die neun Musen, ergänzt um Athena, Ceres und Bacchus, die auf unterschiedlich gestalteten Kapitellen ruhen. Diese Kapitelle wiederum liegen grotesken Ornamenten auf, zu deren Füßen jeweils Puttengruppen ruhen.

Mit einer weiteren Tischplatte wurde das Repräsentationsstück von Landgraf Moritz dem Gelehrten (1572 – 1632) für die Kunstkammer in Auftrag gegeben. Der Tisch befand sich 1697 in der Kunstkammer im Marstall des Kasseler Residenzschlosses, 1767 dann im Stein- oder Skulpturenzimmer des Schlosses, bevor er schließlich in den Speisesaal der Löwenburg überführt wurde.

Tischplatte von Andreas Pleninger, 1605, Frontalansicht

Andreas Pleninger (1555 – 1607) erhielt seine musikalische Ausbildung in seiner Geburtsstadt Regensburg, während er das Steinätzen in Nürnberg erlernte, wo er sich wohl auch astronomische Grundkenntnisse erwarb. 1585 wurde er als Organist in Gmunden angestellt. Für verschiedene protestantische Familien in Oberösterreich fertigte er Grabplatten, Epitaphe oder Liedertische an. Als sich die Situation für Protestanten im katholischen Österreich zuspitzte, ging Pleninger 1598 zurück nach Regensburg. Seine Tischplatten, die sich heute in verschiedenen privaten und öffentlichen Sammlungen befinden, zeichnen sich durch Lied- und Musikstücke, Landkarten und astronomische Darstellungen aus. Die zweite von Moritz dem Gelehrten in Auftrag gegebene Tischplatte zeigt eine Landkarte Hessens, eine Sonnenuhr und einen immerwährenden Kalender und befindet sich heute im Landesmuseum in Kassel.

Ansonsten weist der Eingangsraum einige Musterflächen auf, die Einblick in die Rekonstruktion der Innendekoration der Löwenburg geben.

Es schließt sich der Speisesaal an, der durch zahlreiche Fenster schöne Blicke in den Bergpark und die Landschaft gestattet. Er ist über eine Wendeltreppe mit der Bibliothek verbunden.

Ⓑ Bibliothek

Über eine Wendeltreppe, die an das Speisezimmer anschließt, gelangt man entweder zu einem schmalen Flur, der in die Appartements des Herren- und Damenbaus führt, oder aber – gegenüberliegend – direkt in die über dem Speisezimmer gelegene Bibliothek. Sie weist neben zwei Wandschränken auch zwei Bücherschränke auf. Dominierend ist ein großer Schreibtisch mit Aufsatz aus Mahagoni. Weiterhin stehen hier drei Kabinetteschränke aus dem späten 17. Jahrhundert. Besonders hervorzuheben ist ein Schrank, der Schildpatt imitiert und mit Emailplaketten belegt ist. Der Schrank ist wahrscheinlich in Deutschland entstanden und ahmt Vorbilder aus Antwerpen nach, während es sich bei dem Untergestell um eine spätere Zutat handelt. Der andere, um 1670 in Antwerpen entstandene Kabinettschrank weist noch das originale Untergestell mit polychrom gefassten figürlichen Füßen auf, die Allegorien auf die vier Jahreszeiten darstellen. Er weist echtes Schildpatt auf, während Flammleisten aus Ebenholz die Schubladen rahmen. Diese wiederum sind mit Steinflächen belegt, die nach venezianischem Vorbild mit Kauffahrteiszenen bemalt sind. Zumeist sind

Die Bibliothek im Bergfried hat einen runden Grundriss und ist bei der Instandsetzung vollständig neu errichtet worden.

italienische Landschaften mit antikisierender Architektur am Meer zu sehen, wobei im Hintergrund Schiffe im Meer ankern. Im Vordergrund erkennt man geschäftiges Leben am Hafen. Beschläge aus vergoldetem Messing bereichern den Schrank. Dieses kostbare Möbel wurde aus dem Museum Fridericianum in die Löwenburg überführt. Die Standuhr mit reicher Maketerie entstand um 1700 in den Niederlanden. Neben zwei Armlehnstühlen stehen vier Lehnstühle im Stile des späten 17. Jahrhunderts, die vermutlich erst Ende des 18. Jahrhunderts entstanden sind. Die bestickten Bezüge sind historisch, wurden aber erst in der Kaiserzeit in der zweiten Hälfte des 19. Jahrhunderts gefertigt. Alle Stühle zeigen an auffälliger Stelle in mehrmaliger Wiederholung Schlagstempel, die auf die vermeintliche Vorbesitzerin hindeuten sollen, Landgräfin Maria Amalia von Kurland, um das angebliche Alter der Möbel zu unterstreichen.

Die kleinformatigen Gemälde zeigen neben Putten- und Liebespaaren vor allem fürstliche Ahnenporträts des Hauses Hessen-Kassel mit ihren Gemahlinnen. Namentlich sind dies Landgraf Philipp der Großmütige mit Christina von Sachsen, der die Reformation einführte, der den Naturwissenschaften zugewandte Landgraf Wilhelm IV. mit Sabine von Württemberg, der gelehrte Landgraf Moritz, der den Komponisten Heinrich Schütz förderte, mit Agnes von Solms-Laubach, Landgraf Wilhelm V., der sich während des Dreißigjährigen Krieg mit Gustav Adolf von Schweden verbündete, mit Amalie Elisabeth von Hanau-Münzenberg, Landgraf Wilhelm VI. mit Hedwig Sophie von Brandenburg, die nach dem frühen Tod ihres Mannes die Regentschaft übernahm und politisch sehr geschickt agierte, und abschließend der unglückliche Wilhelm VII., der bereits mit 19 Jahren verstarb. Ein ovales Porträt weist auf Marie Amalie von Kurland, die Gemahlin Landgraf Carls. Die übrigen Porträts deuten auf das Haus Wettin, vor allem auf den ernestinischen Zweig mit Ernst I. und Friedrich I. aus Sachsen-Gotha oder Bernhard von Sachsen-Weimar. Während des 16. und 17. Jahrhunderts bestanden enge Beziehungen zwischen Hessen-Kassel und dem sächsischen Fürstenhaus.

In in einem Wandschrank und den beiden Bibliotheksschränken befinden sich heute einige Kunstkammerarbeiten, die sich bereits im Inventar von 1816 nachweisen lassen, darunter einige antikisierende Vasen, mehrere fein gearbeitete Bestecke des 17. Jahrhunderts, eine Reiseapotheke und ein Intarsienbild mit dem Halbporträt Gustav Adolphs von Schweden, dem Urenkel Philipps von Hessen.

Zum Gruseln – ein Blick in die Bücherschränke

Unter dem Datum des 6. Juni 1798 vermerkt Wilhelm IX./I. einen Besuch auf der Löwenburg und stellt fest, dass die kleine Ritterbibliothek dorthin verbracht worden sei. Tatsächlich war sie Teil einer umfangreichen Sammlung der Bibliothek von Schloss Wilhelmshöhe. Die Bände umfassten 17 Titel, die in den nachfolgenden Jahren um 19 weitere ergänzt wurden. Um dennoch die Bibliotheksschränke füllen zu können, fertigte man Holzattrappen an, um die Üppigkeit einer umfangreichen Bibliothek vorzutäuschen. Betrachtet man die Titel genauer, so handelt es sich um Ritterromane wie den »Don Quixote« oder »Sagen der Vorzeit«, daneben aber auch um Schauerromane wie »Die Gespenster«.

Buchattrappe aus der Bibliothek im Bergfried, um 1800

Das Genre des Schauerromans, dessen bekanntester Vertreter heute wohl noch Mary Shellys (1797 – 1851) »Frankenstein« ist, kam im England des 18. Jahrhunderts auf. Die »Gothic Novel« wurde dabei 1764 von Horace Walpole (1717 – 1797) mit dem Roman »Das Schloss von Otranto« (The Castle of Otranto) ins Leben gerufen. Auch dieser Roman befand sich in der Bibliothek des Landgrafen auf der Löwenburg. Walpole gestaltete sein eigenes 1747 erworbenes Landhaus, »Strawberry Hill« bis 1776 im neogotischen Stil um. Im Zentrum der Schauerromane, bei denen es sich größtenteils um Unterhaltungsliteratur handelt, standen das Abenteuer, ungewöhnliche, unerklärliche Ereignisse, düstere Landschaften und der Tod. Ge-

gen 1820 nahm die Beliebtheit der Geschichten, die oft eng mit dem Mittelalter verbunden waren, ab, sie hatten aber weiterhin indirekten Einfluss auf die Literatur, so etwa auf die Romantik, und es entstand die sogenannte »Schwarze Romantik«.
Auch in Deutschland ist der Schauerroman vertreten, etwa mit Christian Heinrich Spieß' (1755–1799) »Das Petermännchen« (1791/1792), ein Roman, der sich ebenso in der Bibliothek auf der Löwenburg nachweisen lässt. Weiterhin seien an dieser Stelle auch Heinrich von Kleists (1777–1811) »Bettelweib von Locarno« (1797), Ludwig Tiecks (1773–1853) »Blonder Eckbert« (1797) oder E.T.A. Hoffmanns (1776–1822) »Die Elixiere des Teufels« (1815) genannt.

Ⓒ Vorzimmer des Herrenbaus

Sowohl über den kleinen Flur vor der Treppe wie über die Bibliothek erreicht man das Appartement des Fürsten.

Bei der Löwenburg handelt es sich um eine »maison de plaisance«, ein Lustschloss, das dem Herrscher ein Leben ohne zwanghafte Etikette ermöglichen sollte. Beispielsweise gehören Jagdschlösser zu diesem Typus. Die berühmteste »maison de plaisance« in der Nähe von Kassel aber dürfte das Rokokoschloss Wilhelmsthal sein, das von Wilhelm VIII. errichtet wurde. Ein solcher Ort verfügte über Gesellschaftszimmer – wie einem Speiseraum oder Festsaal – und zumindest ein vollständiges Appartement für den Fürsten, meist aber über mehrere dieser Wohnungen, die dem Fürsten erlaubten, den Ort für mehrere Tage mit seiner Familie, ausgewählten Gästen, Teilen des Hofstaates und der Dienerschaft zu bewohnen. Zu einem solchen Lustschloss zählt die Löwenburg, die zudem über bedeutende Nebenräume wie einen Marstall verfügte.

Auch wenn die Etikette an einem solchen Ort scheinbar aufgehoben war, also die Rangunterschiede zwischen einem Herzog oder einem Grafen nivelliert schienen, musste auch eine »maison de plaisance« dem Anspruch eines Fürsten oder einem hochrangigen Gast Genüge tun. Dies kam vor allem in der Raumfolge eines Appartements zum Ausdruck, das zumindest aus einem Vorzimmer (so hatten seit dem späten 17. Jahrhundert ein Landgraf bzw. ein etwa gleichrangiger Herzog den Anspruch auf ein Vorzimmer, während ein Kurfürst über zwei Vorzimmer verfügen konnte), einem Schlafzimmer und einem Kabinett bestand. Weitere Nebenräume wie etwa eine Garderobe konnten folgen. Während das Vorzimmer in Form eines provisorisch eingerichteten Spielzimmers auch Teil der Gesellschaftszimmer sein konnte, gehörten Schlafzimmer und Kabinett in der Regel in den privaten Bereich des Bewohners. Im Barock schloss in der Regel das Kabinett an das Schlafzimmer an, während man in der zweiten Hälfte des 18. Jahrhunderts das Kabinett immer öfter dem Schlafzimmer vorlagerte, um diesen intimsten Bereich, der im Zeremoniell des Reiches nur bedingt eine Rolle spielte, vor Besuchern zu schützen. Anders in Frankreich: Dort war auch das Schlafzimmer Teil des Hofzeremoniells, wo der Besucher das »lever« und »coucher« des Herrschers, also

Vor die wertvollen Tapisserien wurden Möbel gestellt und Gemälde und ein Spiegel gehängt.

das Aufstehen und Zubettgehen, beobachten konnte und es eine besondere Gunst war, bei diesen Handlungen zugegen sein zu dürfen. Deshalb wurde in der Regel die eigentliche Bettnische durch eine Balustrade von dem übrigen Schlafzimmer getrennt.

Auch die Löwenburg verfügt über eine solche Raumfolge für Fürst, Fürstin und ausgewählte Gäste, bestehend aus Vorzimmer, Kabinett, Schlafzimmer und Garderobe. Während die übrigen Appartements in einem architektonisch relativ symmetrischen Rahmen erscheinen, fällt die stark unregelmäßige Gestaltung des wichtigsten Appartements, der Wohnung des Fürsten, auf, die wohl eine altertümliche Ausstrahlung aufweisen sollte. So ist das erste Vorzimmer des Fürsten in einem unregelmäßigen fünfeckigen Grundriss untergebracht.

Trotz dieser Unregelmäßigkeit ist die Ausstattung prunkvoll und nahezu üppig. So sind an den Wänden Wirkteppiche aus Wolle mit Seide und Goldfäden des frühen 18. Jahrhunderts angebracht.

Während des 16. und 17. Jahrhunderts war es durchaus üblich, dass ein Herrscher nicht über einen festen Wohnsitz verfügte, sondern in seinem Territorium zwischen seinen Burgen und Schlössern hin- und hereiste. Die aufwendige Innenausstattung wurde dabei immer von Ort zu Ort transportiert. In dieser Zeit spielten große Wirkteppiche mit zusammenhängenden Bildfolgen eine wichtige Rolle, waren sie doch der Hauptschmuck der Wände. Durch die thematische Wahl konnte man besondere Anlässe wie beispielsweise eine Hochzeit oder einen Staatsbesuch unterstreichen. Die teilweise mit Seide und Goldfäden in jahrelanger Arbeit gewirkten Teppiche gehörten zum kostbarsten Teil der Ausstattung. Die Vorlagen für die Bildmotive stammten bisweilen von bedeutenden Künstlern wie beispielsweise Peter Paul Rubens (1577 – 1640). Wichtige Herstellungszentren waren Brüssel, Abusson, Beauvais und Paris. Im späten 17. Jahrhundert wurden die Teppiche dann zunehmend fester Bestandteil der fürstlichen Ausstattung, indem sie in eine hölzerne Vertäfelung integriert wurden. Gegen Ende

Der Wandteppich von Alexander Baert zeigt die Hochzeit von Perseus und Andromeda.

des 18. Jahrhunderts wusste man den künstlerischen und finanziellen Wert dieser Teppiche durchaus zu schätzen, doch galten sie modisch als nicht mehr aktuell. So griff man in Kassel also eine ältere Form der Raumausstattung auf, indem man sich für Wirkteppiche entschied, um die »Altehrwürdigkeit« der Löwenburg als historisch gewachsenes Ensemble zu unterstreichen.

In diesem Raum zeigen die Wände Wirkteppiche aus der Werkstatt des Alexander Baerts' in Amsterdam. Die Darstellungen beziehen sich auf Perseus, Sohn des Zeus und der Danaë, und zeigen verschiedene Szenen wie etwa eine Opferszene. Sie entstanden um 1720. Weiterhin sind Darstellungen von Flora und Minerva zu finden, zwei Bildteppiche, die vermutlich um 1700 in Brüssel entstanden.

Die besonders prunkvolle Wirkung des Raumes wird unterstrichen, indem man vor die kostbaren Wirkteppiche Möbel stellte und darüber sogar einen Spiegel hängte. Die Sitzmöbel sind vergoldet und mit rotem Samt bezogen. Unverzichtbar für die Raumausstattung des 17. und frühen 18. Jahrhunderts war dabei eine Garnitur bestehend aus Wandtisch, Spiegel und zwei Gueridons, hohe kleine Tische, auf die Leuchter gestellt wurden. Meist waren diese Garnituren zwischen Fenstern aufgestellt. Auch das Vorzimmer im Herrenbau verfügt über eine solche Garnitur, zu der zudem ein kleiner Tisch gehört. Die Skulpturen von phantasievoll gekleideten dunkelhäutigen Figuren übernehmen die Eigenschaft als Stützen und Möbelbeinen und sind wohl Ende des 17. Jahrhunderts in Antwerpen entstanden. Zur Garnitur nicht gehörig ist ein prunkvoller Spiegel mit plastischem Akanthuslaubwerk.

Über den Türen zeigen zwei Doppelporträts der Habsburger Familie die enge Verbindung des Hauses Hessen-Kassel zum Kaiserhaus auf. Eine schmale düstere Szene, die wohl eine Räuberhöhle darstellen soll, greift noch einmal das Thema der Ritterromantik auf.

Weiterhin befinden sich in dem Raum Kinderbildnisse. Sie zeigen einmal Prinz Friedrich, den späteren König von Schweden, seinen Bruder, Prinz Wilhelm (VIII.), und – in einem Doppelporträt – dessen Sohn Prinz Friedrich (II.) zusammen mit seinem älteren, früh verstorbenen Bruder Prinz Carl. Ein weiteres Porträt zeigt Landgraf Wilhelm V. von Hessen-Kassel.

Unbekannter Künstler, Prinz Wilhelm (VIII.) als Kleinkind, um 1685

D Schreibkabinett des Herrenbaus

Analog zu dem vorhergehenden Raum sind auch hier, in diesem im Grundriss dreieckigen Raum, Wirkteppiche angebracht, die Everard Leyniers (1597 – 1680) in Brüssel um 1660 fertigte. Thematisiert wird das Leben der Cleopatra (69 – 30 v. Chr.). Cleopatra herrschte als letzte Königin des hellenistischen Ptolemäerreiches über Ägypten. Sie wollte das durch den Getreidehandel ohnehin gestärkte Reich konsolidieren und ausbauen, konnte sich aber letztlich gegenüber der Weltmacht Rom nicht durchsetzen. So gewann sie zwar die beiden mächtigsten Römer ihrer Zeit, Caesar (100 – 44 v. Chr.) und Marc Anton (86 – 30 v. Chr.) als Geliebte und konnte darüber die Stellung Ägyptens stärken. Schließlich aber unterlag Marc Anton in der Schlacht bei Actium Augustus (63 v. Chr. - 14 n. Chr.). Cleopatra und Marc Anton begingen Suizid, und Ägypten wurde in der Folge römische Provinz. Seit der Antike beflügelten das Liebesleben und der tragische Tod der Königin die Phantasie der Menschen und inspirierte zahlreiche Schriftsteller,

Everaerd Leyniers, Tapisserie mit der Krönung der Cleopatra, um 1660

Der Schreibtisch im Schreibkabinett des Herrenbaus wurde von Jussow entworfen.

Komponisten und Maler, wobei William Shakespeares (1564–1616) »Antonius und Cleopatra« und Georg Friedrich Händels (1685–1759) »Giulio Cesare in Egitto« nur stellvertretend genannt sein sollen. Die einzelnen Bildmotive der Teppiche zeigen unter anderem die Krönung Cleopatras durch Caesar, den Triumphzug der Cleopatra mit Marc Anton, die Verstoßung des Augustus und den Tod der Cleopatra.

Mehrere Möbel des Schreibkabinetts wurden von Jussow entworfen, so der Aktenschrank, der Ofenschirm, der Schreibtisch und der runde Tisch. Die schlichten, geradlinigen, klassizistischen Kastenmöbel sind mit einem Furnier aus Eichenholz gefertigt, auf das vergoldete, gotisierende Zierleisten aufgesetzt wurden. Tatzen und Masken spielen dabei immer wieder auf den Löwen, das hessische Wappentier und zudem

Namensgeber der Burganlage, an. Auf dem Schreibtisch befindet sich eine Schreibgarnitur, die in Form von drei mittelalterlichen Rundtürmen gestaltet ist.

Auch das Schreibzeug ist ein Entwurf Jussows.

Bei den übrigen vergoldeten Möbeln handelt es sich um Gueridons und Tabourets, gepolsterte Sitzhocker, aus der Zeit um 1700 – 1720, einem ovalen Spiegel aus dem späten 17. Jahrhundert und Stühle und Armlehnstühle, die teilweise in der Art des 17. Jahrhunderts gestaltet wurden. Auch sie sind wieder – wie auch ein Gemälde – vor den Bildteppichen aufgestellt, um den historisch gewachsenen Charakter der Einrichtung zu unterstreichen, aber auch, um einen üppigen, prachtvollen Eindruck beim Besucher zu hinterlassen.

Die Gemälde spielen wieder deutlich auf die Dynastie an und zeigen über den Türen die Landgrafen Philipp der Großmütige, Wilhelm IV., Moritz und Wilhelm V. Weiterhin finden sich in dem Raum Porträts von der dänischen Königin Christina, einem unbekannten Herrn und von Marie Amalie, Gemahlin von Landgraf Carl. Zwei Bildnisse in gleich gestaltetem Rahmen zeigen Landgraf Carl und König Christian V. von Dänemark (1646 – 1699): Die Schwester Carls, Charlotte Amalie (1650 – 1714), hatte 1667 den dänischen König geheiratet, was einen dynastischen Aufstieg des Hauses Hessen-Kassel bedeutete.

E Schlafzimmer des Herrenbaus

Dank seiner Wandbespannung mit (nachgewobenem) Seidensamt weist der nachfolgende Raum, das Schlafzimmer, eine wesentlich ruhigere Wirkung auf. Das liegt auch an dem begradigten Grundriss, der nahezu aus einem Rechteck besteht, von dem die Bettnische durch zwei Säulen und eine Balustrade abgetrennt ist. Damit erinnert der Raum an hochbarocke (französische) Raumausstattungen aus der Zeit um 1700.

Ähnlich zurückhaltend ist auch die Ausstattung des Raumes, die lediglich aus einer Wandkonsole nach einem Entwurf von Heinrich Christoph Jussow besteht. Von diesem Typus sind in der Löwenburg noch vier weitere (ursprünglich fünf) Tische vorhanden. Über dem Tisch ist ein Regence-Spiegel aus der Zeit um 1720 angebracht. Ergänzt wird die Einrichtung um zwei Armlehnstühle, die in ihren Formen ebenso an den Hochbarock erinnern. Auch hier sind alle Möbel vergoldet bzw. bronziert.

Auch der Bilderschmuck ist zurückhaltend: Neben einem Gruppenporträt der Landgrafen von Hessen und der Darstellung eines Wickelkindes findet sich ein Gemälde, das Venus mit Amor zeigt und somit auf die Liebe anspielt, ein für ein Schlafzimmer durchaus angemessenes Bildthema.

Durch die zurückhaltende Ausstattung konzentriert sich alles auf das Bett in der Bettnische des Raumes, das Paradebett von Landgraf Moritz dem Gelehrten (1572 – 1632). Das 1607 vermutlich in Kassel angefertigte Bett gehört heute zu einem der wenigen erhaltenen Betten der Spätrenaissance in Deutschland. Es

Unbekannter Künstler, Venus und Amor, um 1800

handelt sich um ein Pfostenbett mit Betthimmel, das reich bemalt ist und einen aufwendigen Skulpturenschmuck aufweist. Die Qualität der Gestaltung mit der aufgesetzten Beschlagswerkornamentik ist auffallend. Figurale Konsolen und üppige Fruchtgebinde an den Pfosten erinnern an Vertäfelungen in Schlössern und Patrizierhäusern der Zeit und orientieren sich dabei wohl an Vorlagenstichen aus Deutschland oder den Niederlanden aus dem späten 17. Jahrhundert.

Prunkbetten sind die luxuriösesten Möbel einer Raumausstattung des 17. und 18. Jahrhunderts, was vor allem an der Verwendung der kostbaren Textilien liegt. Oft folgten sie den neuesten Moden. Trotz ihrer auch dynastisch hohen Bedeutung wurde ihnen dabei die Gestaltung nach der neuesten Mode oft zum Verhängnis: Unmodern geworden, wurden sie von den nachfolgenden Herrschern ins Möbelmagazin verbannt, wo sie im Laufe der Zeit zerfielen und anschließend zerstört wurden. Nur durch besondere Umstände oder durch einen besonders auffallenden dynastischen Bezug blieben derartige Möbel erhalten – dies ist auch in Kassel der Fall.

Das Bett kennzeichnet sowohl das herrschaftliche Rot wie das auffallende, plastisch gestaltete Allianzwappen am Kopfteil, das von zwei Karyatiden begleitet wird und 1607 datiert ist. Die

Prachtbett mit dem Allianzwappen des Landgrafen Moritz und der Landgräfin Juliane, 1607

Wappen verweisen auf Landgraf Moritz von Hessen-Kassel und seine zweite Gemahlin, Juliane von Nassau-Dillenburg (1587 – 1643). Dem Paar wurde 1607 der Sohn Hermann (1607 – 1658) geboren, der noch später als der Besitzer des Bettes nachgewiesen ist. Das Bett stand im Residenzschloss der Rotenburger Quart, einem teilweise souveränen Fürstentum, das aus Hessen-Kassel herausgelöst worden war, um die Kinder dieser zweiten Ehe zu versorgen. So entstand die Nebenlinie Hessen-Rotenburg. Der Schlossbau war 1607 vollendet, und wohl aus diesem Anlass wurde das Bett zur Ausstattung einer repräsentativen Raumflucht angefertigt.

Diese Umstände werden dazu beigetragen haben, dass das Bett erhalten blieb. Als Denkmal des Hauses Hessen übernahm Wilhelm IX./I. das Bett in die Löwenburg, die ja ein bildgewordenes Denkmal der Dynastie darstellen sollte. Die auffällige Rotfassung wurde ersetzt durch eine gedämpfte, als alt empfundene Ochsenblutfarbe.

Neben der Bettnische führt eine Tapetentür in die »Retirade«, in der sich der Nachtstuhl befindet.

F Garderobe des Herrenbaus

Dem Schlafzimmer folgt die schlichte, holzvertäfelte Garderobe, die zwei Wandschränke aufweist. Hier befindet sich heute die Uniform Wilhelms IX./I., die nach seinem Tod in die Löwenburg verbracht wurde, um an den Bauherrn zu erinnern. Ein Stuhl und zwei Gueridons, die in Deutschland um 1700 hergestellt wurden, ergänzen die Einrichtung.

Die Garderobe des Herrenbaus weist eine schlichte Holzvertäfelung und schön gearbeitete Fenster auf.

(G) Dienerzimmer

Den Abschluss der Raumfolge im Herrenbau bildet ein kleines Durchgangszimmer, das zu einem Treppenturm führt. Laut Inventar von 1816 befand sich hier neben einem Stuhl ein Klappbett, das nach historischen Vorlagen der Zeit nachgebaut wurde. Tagsüber einem Tisch ähnlich, konnte es nachts zu einem kastenförmigen Bett aufgeklappt werden und bot – mit Stroh gefüllt – dem Leibdiener des Landgrafen eine Schlafstätte.

Die zusammenklappbare Bettlade entstand um 1770 und besteht aus drei Teilen. Zusammengeklappt konnte sie als Tisch genutzt werden, des nachts fungierte sie als Bettstatt. Die unter den Kufen angebrachten Holzräder erlaubten ein einfaches Beiseiterollen.

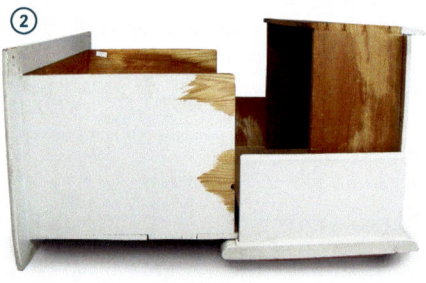

Ⓗ Galerie

Über die Haupttreppe am Bergfried erschließt sich der Damenbau nicht über die Bibliothek, sondern einzig über einen Galeriebau, der beidseitig je vier Fenster aufweist. Auch dieser Raum ist durch eine Holzvertäfelung gekennzeichnet, die mit Holzmalerei versehen ist, die rekonstruiert wurde. Anders als bei der Bierlasur, bei der mit Pigmenten vermischtes Bier in einer Wischtechnik auf Weichholz aufgetragen

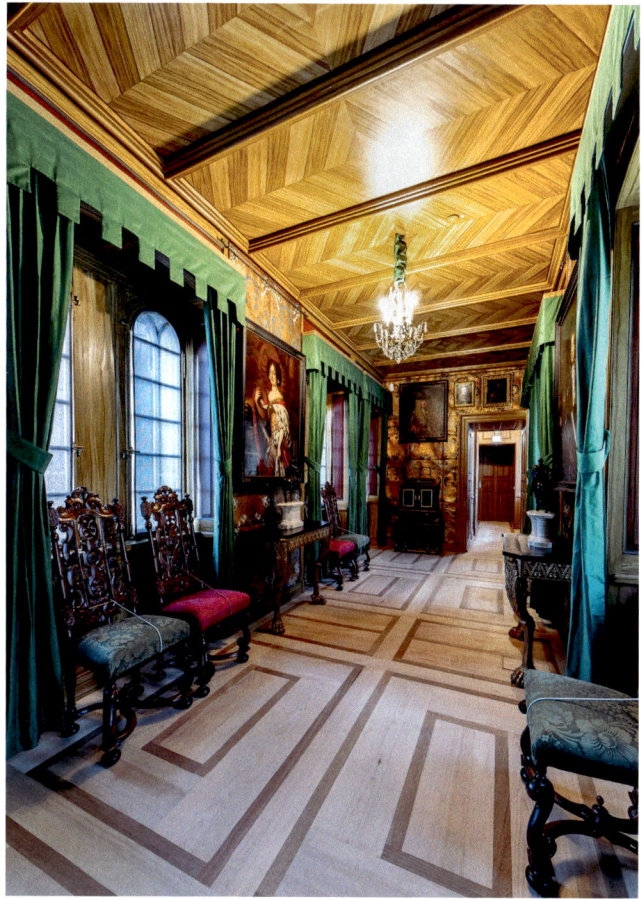

Die Galerie verbindet Herren- und Damenbau und ist mit kostbarer Goldledertapete ausgestattet.

wird, um z.B. Nussholzfurnier nachzuahmen, handelt es sich um ein höchst aufwendiges Verfahren, bei der die Maserung des Holzes in einzelnen feinen Pinselstrichen übertragen wird. In den einzelnen Räumen scheint man verschiedene Baumarten imitiert zu haben.

In die Holzvertäfelung integrierte man Goldledertapeten des 17. Jahrhunderts, um den historischen Charakter des Raumes zu unterstreichen. Sechs von ursprünglich acht Stühlen mit roten bzw. grünen Polsterstoffen möblieren den Raum, was der Ausstattung laut Inventar von 1816 entspricht. Weiterhin befinden sich hier zwei Konsoltische, die von Heinrich Christoph Jussow entworfen wurden. Vervollständigt wird die Raumausstattung mit einem Kabinettschrank aus dem 17. Jahrhundert, auf dem eine Schatulle mit Silberfolie steht, die historisierend wohl in Wien um 1800 hergestellt wurde.

Analog zum Appartement des Fürsten würde man nun im Damenbau dynastische Porträts der Landgräfin bzw. Kurfürstin Wilhelmine Karoline von Dänemark erwarten. Da der Fürst allerdings von seiner Frau getrennt lebte, Porträts der dänischen Könige den Rang Wilhelms IX./I. in den Schatten gestellt hätten und diese auch nur bedingt dem dynastisch-hessischen Anspruch der Löwenburg entsprochen hätten, entschloss man sich dazu, im Damenbau vor allem auf das politische Netzwerk des Hauses Hessen-Kassel zu verweisen. So stehen auf den Konsoli-

Auf der Ölskizze von Louis Katzenstein sind Goldledertapete und Kabinettschrank gut erkennbar.

schen zwei Reiterbildnisse, die Marc Aurel und vermeintlich Heinrich IV. von Frankreich zeigen

Der römische Kaiser Marc Aurel (121 – 180 n. Chr.) war der letzte der sogenannten Adoptivkaiser. Innenpolitisch ist vor allem sein Engagement für Benachteiligte der römischen Gesellschaft, so Frauen und Sklaven, hervorzuheben, während er sich außenpolitisch vor allem der Sicherung der Grenzen des römischen Reiches widmete. Für die Nachwelt blieb er vor allem als Verfasser der »Selbstbetrachtungen« in Erinnerung. Insofern galt der Philosophenkaiser der Nachwelt als Vorbild. Die Statue von Giacomo Zoffoli (1731 – 1785) folgt dem antiken, überlebensgroßen Reiterstandbild, das ursprünglich wohl im Bereich des Lateran aufgestellt war. Nach mittelalterlichen Beschreibungen befand sich vor dem Reitenden die kniende Gestalt eines Barbaren. 1538 wurde das Reiterbild auf dem von Michelangelo (1475 – 1564) gestalteten Kapitolsplatz errichtet, wo heute eine Kopie aufgestellt ist, während sich das Original in den Kapitolinischen Museen befindet.

Kabinettschränkchen mit vergoldetem Messingblech, um 1630

Auf dem gegenüberliegenden Konsoltisch befindet sich das Reiterbild von Carl Emanuel I. von Savoyen (1562 – 1630) von Antonio Susini (1558 - 1624), das man allerdings laut Inventar von 1816 für die Darstellung König Heinrichs IV. von Frankreich (1553 – 1610) hielt. Heinrich IV. spielte eine zentrale Rolle in den Hugenottenkriegen und erbte mit dem Aussterben des Hauses Valois die französische Krone. Das von Bürgerkriegen zerrüttete Frankreich baute er wieder auf und positionierte das Land als europäische Großmacht. Somit ist Marc Aurel mit dem »guten König Heinrich« ein weiterer beispielhafter Herrscher gegenübergestellt.

Antonio Susini (zugeschr.), Carl Emanuel I. von Savoyen (laut Inventar von 1816 König Heinrich IV. von Frankreich), Florenz, 1. Viertel 17. Jh.

Die Gemälde zeigen Vertreter der europäischen Großmächte. Hierzu zählt das Porträt Kaiser Karls VI. (1685 – 1740), den Vater von Maria Theresia (1717 – 1780), weiterhin vermutlich König Ludwig XIII. von Frankreich (1601 – 1643). Zwei Porträts stellen Kurfürst Ernst August von Hannover (1629 – 1698) mit seiner Gemahlin Sophie von der Pfalz (1630 – 1714) dar, aus deren Ehe Georg I. (1660 – 1727), König von England hervorging. Halbfigurige Porträts zeigen Wilhelm III. (1650 – 1702), den Statthalter der Niederlande und späteren König von England, sowie die Feldherren Alexander von Kurland (1658 – 1686) als Kind und Giovanni da Castaldo (1493 – 1563). Ergänzt werden die Porträts um die Darstellung einer Genreszene. Bei letzterer handelt es sich um eine Kopie einer »Bordellszene« von Jan Baptist Lambrechts (1680 – nach 1731), die sich noch heute in der Gemäldegalerie der Museumslandschaft Hessen Kassel befindet.

ⓘ Vorzimmer des Damenbaus

Der Galerie folgt das Vorzimmer. Seine Ausstattung besticht vor allem durch die Wandbespannung, der Perltapete. Auf rotem Atlas wurden Bahnen à fünf Blättern angebracht. Jedes Blatt zeigt eine rahmende Architektur, in der höfische Figuren in Renaissance- und Barockkostümen aus unterschiedlichen europäischen Ländern eingestellt sind. Den Hintergrund bilden schimmernde, perlmuttfarbene Stabperlen. Die Gewänder der Figuren sind appliziert und gestickt, die Gesichter sind auf Pergament gemalt. Perltapeten waren während des späten 17. und frühen 18. Jahrhunderts in Verwendung, haben sich allerdings selten erhalten. Eine weitere intakte Tapete befindet sich noch im Schlossmuseum im thüringischen Arnstadt. Wann die Perltapete in der Löwenburg entstanden ist, bleibt unklar: Während technische Details für eine Entstehung um 1700 sprechen, deuten die historisierenden Szenen mit den Renaissancekostümen eher auf eine Entstehung in der zweiten Hälfte des 18. Jahrhunderts.

Das Vorzimmer im Damenbau ist mit einer ungewöhnlichen Perltapete und kostbarem Mobiliar ausgestattet.

Für ein Vorzimmer weist der Raum erstaunlich aufwendiges Mobiliar auf. Dominiert wird der Raum durch zwei Sofas im Stil des englischen Barock, die wohl in die Zeit um 1720 datiert werden können. Die schweren Möbel sind mit rotem Tuch bezogen und zusätzlich mit historischen Stickereien verziert. Das Sofa war das zeremoniell anspruchsvollste Möbel. In den Schlössern der Barockzeit war das Sitzen rangspezifisch geregelt: Einfachen Hofdamen standen Sitzkissen zur Verfügung, darauf folgten Tabourets, Lehnstühle mit niedriger oder hoher Rücklehne, dann der Armlehnstuhl. Das vornehmste Möbel war das Sofa, das nicht nur den meisten kostbaren Stoff beanspruchte, sondern auch nur zwei gleichrangigen Personen das Sitzen gleichzeitig ermöglichte. Für ein Vorzimmer ist ein solches Möbel um 1700 nicht denkbar.

Die Sitzkultur änderte sich um 1800: In Kabinetten standen Sofas, davor ein Tisch, und es standen leichte Sitzmöbel zur Verfügung, die man selbständig an den Tisch stellen konnte. Dies verhinderte, dass sich Dienerschaft permanent im Raum aufhalten musste.

Den Tisch des Raumes bildet ein Möbel, dessen Platte aufwendig mit einer symmetrischen, sternförmigen Einlegearbeit in verschiedenen Hölzern und Elfenbein oder Bein versehen ist.

Im Detail wird die aufwendige Technik der Perltapete sichtbar: Atlasstifte wurden auf verschiedene Stoffe appliziert und mit Stickerei und Malerei ergänzt.

Derartige kostbare Prunkmöbel entstanden im späten 17. Jahrhundert zumeist in Augsburg. Vor dem Ofen steht ein Kaminschirm, der eine Stickerei vermutlich aus dem 17. Jahrhundert aufweist. Das Motiv zeigt ein Maskenfest in Rittertracht, begleitet von Musikern in einem Festsaal. Rückseitig trägt der Ofenschirm die gekrönten Initialen C und A, die auf Landgraf Carl und seine Frau Maria Amalia verweisen. Weiterhin gehören zum Mobiliar dieses eleganten Raumes zwei reich gepolsterte Sitzmöbel, die an barockes Mobiliar erinnern sollen, wohl aber um 1800 entstanden sind, waren derartig hohe Polsterungen im Barock doch noch nicht üblich.

J Kabinett des Damenbaus

Dem Vorzimmer folgt ein kleines Kabinett über kreisrundem Grundriss. Die Wände sind hier mit grünem (nachgewobenem) Damast bezogen. Die Bezüge der geschnitzten, vergoldeten Stühle waren ursprünglich mit Stickereien verziert. Zur Einrichtung gehört weiterhin ein reicher, vergoldeter Kaminschirm, der um 1740 entstanden ist. Im Blickpunkt allerdings steht ein Kabinettschrank, der ursprünglich schwarz gefasst war, später aber eine rote Fassung erhielt. Entsprechend wurde auch eine Stutzuhr gefasst, die das Möbel krönt, und ein Schreibkasten im unteren Teil des Kabinetts.

Der Kabinettschrank entstand vermutlich um 1630 in Antwerpen. Er ist aus Birnbaum und Ebenholz gefertigt, wobei das Birnbaumholz ursprünglich schwarz lasiert war, um das kostbare

Das Kabinett über rundem Grundriss wird von der Farbe Grün bestimmt, bis auf das rote Kabinettschränkchen.

Ebenholz zu imitieren. Das Gestell dürfte eine Ergänzung aus der Zeit um 1800 sein. Damals entstand auch die Überfassung aus rotem Lack. In geschlossenem Zustand geht der rote Lack eine stimmige Symbiose mit der grünen Wandbespannung ein.

Anders erweist sich dies, wenn man den Schrank öffnet. Hier überraschen 15 feine Gemälde auf Kupfer, die auf die Innenseiten der Türen und die einzelnen Fächer angebracht wurden und in ihrer Leuchtkraft mit dem ursprünglichen Schwarz in Kontrast standen. Die Gemälde werden der Nachfolge Frans II. Francken (1581–1642) oder Hans III. Jordaens (nachweisbar 1617–1643) zugeschrieben. Auf den ersten Blick zeigen die überaus fein gemalten Darstellungen Landschaften mit Figurenstaffage, tatsächlich aber ergeben sie ein inhaltliches Gesamtprogramm, das das Leben Christi und seine Gleichnisse thematisiert. Dargestellt sind u.a. die Begegnung des auferstandenen Christus mit Maria Magdalena im Garten oder der Weg von Jerusalem nach Emmaus, also Themen, die auch biblisch mit Landschaftsdarstellungen verbunden sind.

Kabinettschränke entwickelten sich im Laufe des 17. Jahrhunderts in verschiedenen Zentren wie Augsburg, Eger, Mailand, Amsterdam oder Antwerpen. Sie wurden aus kostbaren Materialien wie Ebenholz, Elfenbein oder Schildpatt gefertigt, oft ergänzt mit Beschlägen aus Silber oder vergoldeter Bronze, also Materialien, die eigentlich in der Kunstkammer beheimatet sind. Diese Materialien wurden nun zur Dekoration der Sammlungsschränke herangezogen, bilden also eine Kunstkammer im Kleinen. Auch detaillierte Miniaturmalereien wie in diesem Falle wurden zur Dekoration gewählt. Solch kostbare Schränke standen entweder in Repräsentationsräumen oder aber in kleineren Dimensionen in Kabinetten. Darin verwahrte man Kostbarkeiten wie etwa private Sammlungen von Münzen, wertvolle Dokumente oder aber auch Schmuck. Auf letztere Verwendung deutet dieser Schrank, birgt er doch in der hochklappbaren Tür des oberen

Die Löwenburg – ein Rundgang

Aufsatzes einen Spiegel. Insofern ist die Aufstellung eines solchen Schrankes im Kabinett des Damenbaus durchaus nachvollziehbar.

Die Aufnahme zeigt den Kabinettschrank in seinem Zustand vor der Restaurierung. Heute ist wieder der rote Lacküberzug zu sehen, der um 1800 aufgetragen wurde.

Ⓚ Schlafzimmer des Damenbaus

Über das Kabinett betritt man das große Schlafzimmer, das wie sein Pendant im Herrenbau mit rotem Seidensamt ausgeschlagen war. Der seitliche Zugang und die geringe Tiefe des Alkovens verhinderten die Anbringung einer Balustrade. Dominiert wird der Raum durch das Bett, ein »Lit à la duchesse«. Gekennzeichnet ist diese Bettform durch das Fehlen eines Fußteils und einem wandhoch gezogenen Kopfteil. Weiterhin weist das »Lit à la duchesse« einen Baldachin auf, dessen Umfang dem des Bettes entspricht. Vor dem letzten Viertel des 17. Jahrhunderts waren diese Betten unbekannt, erlebten dann aber kurz nach 1700 von Frankreich ausgehend ihren Siegeszug als Prunkbetten in ganz Europa. 1743 ließ sich die französische Königin Maria Leczinska (1703 – 1768) ein solches Bett aufstellen, womit es an Bedeutung gewann und sozusagen »gefürstet« wurde. Nur wenige Betten haben

Das Schlafzimmer im Damenbau ist mit rotem (nachgewebtem) Seidensamt ausgeschlagen.

sich bis heute mit den originalen Textilien erhalten, wobei das einfache, darunter liegende Holzgestell vollständig von den Textilien verdeckt war.

Das Bett in der Löwenburg ist wohl ebenfalls in seinen wesentlichen Bestandteilen in der ersten Hälfte des 18. Jahrhunderts entstanden. Der Baldachin aus rotem Samt mit Stickereien in Metallfäden weist die zugehörigen Behänge auf. Der Bettüberwurf aus rotem Samt besteht aus einer angesetzten Kopfrolle und drei Querbehängen. Die Muster sind dabei mit Metallgarnen in Lilienform aufgesetzt. Den Abschluss bildet eine Fransenborte aus Metall- und Seidengarnen. In den Ecken wurden Ornamente appliziert. Die drei Querbehänge weisen abwechselnd Felder aus Seidensamt und Seidenatlas auf, wobei auch sie durch das Lilienmuster geschmückt sind.

Bei dem Bett handelt es sich um ein sog. »Lit à la duchesse«, das nach 1700 in Mode kam.

Dem prunkvollen Paradebett entspricht die übrige Möblierung des Raumes. Auf der Fensterseite befindet sich, dem Bett gegenüber, ein Konsoltisch, der von Jussow entworfen wurde. Weiterhin gruppieren sich zwei Lehn- und zwei Armlehnstühle in dem Raum, die zumindest in Teilen aus dem späten 17. Jahrhundert stammen und mit rotem Seidensamt bezogen sind. Die Gestelle sind vergoldet. Komplementiert wird die Ausstattung mit einem Kronleuchter mit Glasbehang. Auf dem Konsoltisch stand laut Inventar von 1816 ein Satz von fünf Vasen »… von Steinguth, braun mit Vergoldung.« Vermutlich wurden sie in der 1771 in Kassel gegründeten Steitzschen Steingutfabrik hergestellt. Die klassizistische Formgebung mit Reliefauflagen folgt dabei teilweise Vorbildern aus der englischen Manufaktur Wedgwood. Hervorzuheben ist die Marmorierung, die nicht durch eine Glasur entstanden ist, sondern durch das Material selbst, das durchmarmoriert ist: der Ton selbst ist mehrfarbig. Derartige Steingutvasen lassen sich auch in anderen Räumen der Löwenburg nachweisen, wie dem Schreibkabinett des Herrenbaus oder der Galerie des Damenbaus, können dort aber aus konservatorischen Gründen nur bedingt aufgestellt werden.

Die Gemälde, die bislang nur teilweise identifiziert werden können, zeigen fürstliche Personen. Anders als im Herrenbau entstammen die

Unbekannter Künstler, Ceres sucht Proserpina, um 1800

Dargestellten nicht dem Hause Hessen-Kassel, es lässt sich also nicht wirklich ein dynastisches Programm rekonstruieren. Unter anderem befindet sich hier das Porträt eines Prinzen im Kindesalter, der früher als Friedrich II. galt, das von Friedrich Wilhelm I. (1688-1740), das des Herzogs Anton Ulrich von Sachsen-Meiningen (1687 – 1763), der mit Charlotte Amalie von Hessen-Philipsthal (1730 – 1801) verheiratet war, und die Porträts von Mitgliedern aus dem Haus Bourbon-Conti, einer Nebenlinie des französischen Königshauses. In seiner künstlerischen Qualität ist das Bildnis eines unbekannten Herrn hervorzuheben, das Anfang des 17. Jahrhunderts in den Niederlanden entstanden ist. Weiterhin befindet sich in dem Raum eine Darstellung des Herkules und der Ceres, die ihre Tochter Proserpina sucht. Der Mythologie nach bat Pluto Jupiter um die Hand der Proserpina, Tochter der Ceres. Jupiter wendete ein, dass die Mutter niemals der Ehe zustimmen würde, müsste ihre Tochter doch dann in Plutos Reich, dem Reich der Toten, dem Tartaros, leben. Allerdings stellte es der Göttervater seinem Bruder Pluto frei, Proserpina zu entführen, was dieser auch mit einem von vier Rappen gezogenen Wagen tat. Daraufhin suchte die Mutter ihre Tochter und erzwang schließlich von Jupiter, dass Proserpina nur die Hälfte des Jahres in der Unterwelt verbringen musste, die andere Hälfte durfte sie in der Welt der Lebenden zubringen. Jedes Mal, wenn Proserpina zurückkehrt in die Welt der Toten, hält ihre Mutter Ceres alles Leben an, nichts gedeiht mehr und der Winter kommt. Bei Rückkehr der Tochter erblüht das Leben erneut auf der Erde und der Frühling hält Einzug.

Unbekannter Künstler, Prinz im Kindesalter, 1704

Durch ein kleines Kabinett, das wohl als Retirade benutzt wurde, gelangt man in das Ankleidezimmer.

Das Ankleidezimmer ist mit einem gußeisernen Ofen ausgestattet, der ein Umkleiden in angenehmer Raumtemperatur gestattete.

Ⓛ Ankleidezimmer des Damenbaus

Anders als der Herrenbau weist der Damenbau ein gesondertes Ankleidezimmer auf, das mit einem großen, gußeisernen Ofen mit Terrakottaaufsatz ausgestattet ist. Der Raum war ursprünglich mit blau-grünem Tuch ausgeschlagen, auf dem historische Stickereien angebracht waren, die sich leider nicht erhalten haben. Der Ausstattung nach dem Inventar von 1816 entspricht der Tisch: Die Tischplatte ist vermutlich einem ostasiatischem Stellschirm entnommen, und das Gestell wurde im 18. Jahrhundert hinzugefügt. Es wurde dabei schwarz gefasst, und die Lackarbeit der Platte wurde in Teilen in Gold, Weiß, Rot und Grün aufgegriffen. Weiterhin stehen hier vier barocke Stühle des 17. Jahrhunderts mit gedrechselten Beinen und Verbindungen, die mit einem historischen Stoff bezogen wurden. Zur Ausstattung gehört zudem ein kleiner runder Tisch mit bemalter Platte aus der zweiten Hälfte des 18. Jahrhunderts.

Ⓜ Garderobe im Damenbau

Den Abschluss des Appartements bildet die Garderobe, die wie die im Herrenbau mit Holz verkleidet ist. Vier reich geschnitzte und gedrechselte Stühle aus dem späten 17. Jahrhundert entsprechen der ursprünglichen Ausstattung. Die hohen Rückenlehnen und die Sitzflächen sind dabei mit einem Rohrgeflecht bespannt. Weiterhin befand sich hier ein Schrank, dessen Fassung der der Vertäfelung entsprach. Im Inventar von 1816 wird beschrieben, dass sich im Inneren des Schrankes nicht nur sechs Messingleuchter und ein kostbares Schachspiel befanden, sondern auch ein Bahrtuch. Während Leuchter und Spiel sicherlich genutzt wurden, wenn das Schloss bewohnt war, ist die Verwahrung des Bahrtuchs eigenartig. Diente das Tuch Wilhelm IX./I., der die Löwenburg ja auch als seine Grablege konzipiert hatte, dem kontemplativen Nachdenken, wenn er sich am Neujahrstag hierher zurückzog?

Die schlichte Garderobe war mit Stühlen und einem Schrank ausgestattet, in dem sich sechs Leuchter und ein Bahrtuch, das sog. »Kasseler Totentanztuch« (17. Jh.), befanden.

Ⓝ Burgkapelle

Den Damenbau verlässt man über die Treppe am Bergfried oder über die Wendeltreppe im Damenbau. Gegenüber dem Palas mit Damen- und Herrenbau befindet sich die Burgkapelle. Sie war von besonderer Bedeutung, hatte sie doch Wilhelm IX./I. zu seiner Grablege bestimmt.

Fassade der Burgkapelle

Die Fassade greift auf italienische Vorbilder zurück. Der Skulpturenschmuck weist unter anderem ein Standbild der Heiligen Elisabeth, Stammmutter des Hauses Hessen-Kassel auf, womit der dynastische Bezug hergestellt wird. Im Inneren ist der dreischiffige Bau in Form einer gotischen Hallenkirche gestaltet. Die Möblierung wurde dabei von Heinrich Christoph Jussow entworfen. Als Antependium dient ein Gemälde, das Christus und die zwölf Apostel zeigt. Ansonsten zitieren die Möbel immer wieder den Löwen als Wappentier des Hauses Hessen. Bei den meisten Gemälden handelt es sich um Arbeiten aus dem Mittelalter und der Renaissance, die erneut den angeblich historisch gewachsenen Charakter der Burg unterstreichen sollten. Auch die Scheiben der sieben Fenster sind historisch und stammen ursprünglich aus Kirchen in Hersfeld, Immenhausen und Obernkirchen, mussten aber 1950 restauriert und ergänzt werden. Sie stammen aus dem 13. bis 16. Jahrhundert und zeigen neben dem Stammbaum Christi zumeist Szenen aus Heiligenlegenden sowie das Mainzer Rad und den Waldecker Stern.

Johann Christian Ruhl, Rittergrabmal, 1800

Durch das vermeintliche Erbauungsjahr der Burg 1495 wurde die Kapelle in einen vorreformatorischen Zustand versetzt, worauf das ewige Licht über dem Altar und das Weihwasserbecken hindeuten.

Besonders hervorzuheben ist das Rittergrabmal im Chorraum hinter dem Altar. An den vier Ecken wird es von Darstellungen trauernder Mönche und Nonnen geschmückt, an den Seiten von Reliefs mit Wap-

Johann Christian Ruhl, Rittergrabmal, 1800

pen mit Helmzier und Rittern. Das Podest trägt die lebensgroße Figur eines toten Ritters in schlafender Haltung. Der geharnischte, lebensgroße Ritter liegt seitlich, und sein Kopf ruht auf seinem Schild, während vor ihm sein Schwert liegt. Dieses Monument des tugendsamen Rittertums wurde von Johann Christian Ruhl geschaffen.

Unter der Kapelle befindet sich in einer seitlich gelegenen Gruft die Grablege von Wilhelm IX./I. Über eine steile Treppe gelangt man in den engen Raum, der heute aus Pietätsgründen von der öffentlichen Führung ausgeschlossen ist. Dort steht der steinerne Sarkophag, der sehr zurückhaltend im klassizistischen Stil gestaltet ist. Den Raum ziert einzig ein von Johann Christian Ruhl geschaffenes Relief, das um 1800 entstand. Es zeigt den geharnischten Wilhelm IX./I., der in das Elysium, die Insel der Seligen, geführt wird. Rechts ruht die trauernde Personifikation Hessens, zu ihren Füßen das Wappentier, der Löwe.

Johann Christian Ruhl (1764 – 1842)

Der Sohn eines Kabinettschreibers begann sein Studium bei dem Hofbildhauer Johann August Nahl dem Älteren (1710 – 1781). Gefördert durch den Landgrafen vollendete er sein Studium mit Reisen nach Frankreich und Italien, wo er unter anderem Johann Wolfgang von Goethe kennenlernte. Nach seiner Rückkehr wurde er unter anderem mit der Ausgestaltung von Ornamenten für Schloss Wilhelmshöhe beauftragt. Der König von Westphalen, Jérôme, ernannte ihn 1808 zum Hofbildhauer. Zudem war er mit Dekorationsarbeiten für verschiedene Bauten beschäftigt. Parallel dazu wirkte er auch an der Porzellanmanufaktur in Fürstenberg als Modelleur, wo er Porträts von Jérôme und seiner Gemahlin Katharina in Biskuitporzellan anfertigte. Weitere Porträts schuf er in Marmor. Später wurde er zum Professor der Akademie der bildenden Künste in Kassel ernannt. Zu seinem wichtigsten Schüler zählt Christian Daniel Rauch (1777 – 1857), der rund fünf Jahre unter seiner Anleitung bei der Ausgestaltung von Gebäuden arbeitete.

Johan August Nahl d. J., Jugendbildnis des Bildhauers Johann Christian Ruhl, 1782

Johann Christian Ruhl, Wilhelms IX./I. Eingang ins Elysium, um 1800

ⓞ Rüstkammer

Gleich neben der Kirche befindet sich die Rüstkammer, ein hoher, mit einem Gewölbe versehener Raum. Historisch wurden in Rüstkammern Waffen und Rüstungen verwahrt, die im Bedarfsfall an die Soldaten einer Burg ausgegeben werden konnten. Weiterhin verwahrte man in Rüstkammern auch die Prunkrüstungen des Herrschers bzw. Rüstungen, die mit bedeutenden Schlachten verbunden waren. Insofern kam auch hier der dynastische Gedanken zum Tragen.

Ursprünglich war die Rüstkammer in der Löwenburg deutlich dichter bestückt. Heute sind auf den Lattengerüsten an den Wänden überwiegend einfache, schlichte Landsknechtsharnische zu sehen, wobei der Raum von einem Tunierreiter zu Pferde samt Pferdeharnisch dominiert wird. Ursprünglich waren hier auch historisch hochbedeutende Rüstungen zu sehen. Die erregten aber nach der Annexion Hessens durch Preußen zu Beginn des 20. Jahrhunderts das besondere Interesse von Oberhofmarschall August von Eulenburg (1838 – 1921) und Edgar Freiherr von Ubisch, dem Direktor des Berliner Königlichen Zeughauses. 1907 wurde ein Gutachten über die Rüstkammer erstellt, nachdem die allgemein schlechte Verfassung der Waffen festgestellt worden war. Das Gutachten empfahl, die Landsknechtsharnische im Raum zu belassen, die wertvollen Rüstungen aus konservatorischen Gründen aber auf zwei Räume in der Löwenburg und im Kuppelsaal des Corps de logis von Schloss Wilhelmshöhe zu verteilen. Insgesamt wurde der Bestand mit 511 Einzelstücken angegeben. Nach Reinigung und Restaurierung kamen die Rüstungen 1911 zurück und wurden nur noch in Teilen in der Kunstkammer aufgestellt. So sind bis heute 100 Wappen und die Fahnen nicht mehr in der Löwenburg zu sehen.

Wohl aber ist hier die Rüstung des sogenannten »Schwarzen Ritters« aufgestellt, um den sich eine besondere Legende rankt: Die Totenzüge der hessischen Landgrafen wurden von einem Totenritter, dem schwarzen Ritter, begleitet. Es hieß, dass dieser schwarze Ritter der nächste Tote unter den Teilnehmern des Leichenzugs wäre. Als Wil-

Die Löwenburg – ein Rundgang

Gesamtansicht der Rüstkammer

helm IX./I. starb, wurde Christian von Eschwege (1793–1821) die Ehre zuteil, dieses Amt im Leichenzug auf die Löwenburg zu übernehmen. Nur wenige Tage nach dem Ereignis verstarb der junge Mann. Sofort entstand in der Bevölkerung Kassels das Gerücht, das im Gut der Familie Eschwege in Gegenwart seiner Mutter das Bildnis des jungen Mannes grundlos von der Wand gefallen sei und eine Tasse mit der Ansicht der Löwenburg auf der darunter befindlichen Kommode zerstört habe – und zwar genau in dem Moment, als der Leichenzug die Löwenburg betrat. Noch heute soll der schwarze Ritter alle 17 Jahre aus seiner Gruft auferstehen und die Löwenburg umrunden. Allerdings vermutete man auch schon im 19. Jahrhundert, dass von Eschwege einfach bei seinem ehrenvollen Amt ins Schwitzen geraten sei und

Die Rüstung des »Schwarzen Ritters« soll zuletzt 1821 von Christian von Eschwege anlässlich der Beisetzung von Kurfürst Wilhelm I. getragen worden sein.

sich erkältet habe. Als Grund für sein rasches Hinscheiden wurde ein starkes Fieber vermutet.

Der Rüstung des schwarzen Ritters ist heute ein zeitgenössisches Kunstwerk gegenübergestellt, die Kopie einer mittelalterlichen Rüstung, die von dem niederländischen Künstler Hans van Houwelingen (geb. 1957) in Porzellan ausgeformt wurde. Der Künstler deutet damit auf die Zerbrechlichkeit eines scheinbar so stabilen Gegenstandes wie eine Rüstung hin, und mahnt indirekt, dass auch etwas scheinbar so etwas Stabiles wie die Demokratie zerbrechlich ist. In der Löwenburg ist somit dem schwarzen Ritter ein weißes Pendant gegenübergestellt.

Hans von Houwelingen, Armor I, 2020

Literatur:

Astrid Arnold: Die Inszenierung der Vergangenheit im Spiegel der Ausstattung von Löwenburg und Franzensburg, in: Cranach im Gotischen Haus Wörlitz, Begleitbuch zur Ausstellung Kulturstiftung Dessau Wörlitz 15.05. – 04.19.2015, München 2015, S. 47–61

Astrid Arnold: »Don Quixotterie« oder dynastiegeschichtliches Denkmal? Überlegungen zum bauzeitlichen Ausstattungsprogramm der Löwenburg im Bergpark Wilhelmshöhe, in: Ich bin nicht da! Festschrift zum 75. Geburtstag von Heinfried Wischermann, hrsg. von Ulrike Laule, Freiburg/Br./Berlin/Wien 2018, S. 11–33

Hans Ottomeyer, Christiane Lukatis (Hg.): Heinrich Christoph Jussow, 1754–1825. Ein hessischer Architekt des Klassizismus, Ausstellung der Staatlichen Museen Kassel, Worms 1999

Museumslandschaft Hessen Kassel/Bernd Küster (Hg.): Die Löwenburg. Mythos und Geschichte. (= Kataloge der Museumslandschaft Hessen Kassel Bd. 50), Sonderausstellung Schloss Wilhelmshöhe 14.09.2012–13.01.2013, Petersberg 2012

Christoph Behr: Die Löwenburg im Schlosspark Wilhelmshöhe als »Schatulle« am Sommersitz Kaiser Wilhelms II. Rekonstruktion zum Umgang mit dem Inventar der Löwenburg in wilhelminischer Zeit. Ungedruckte Diplomarbeit an der Hochschule für Technik, Wirtschaft und Kultur, Leipzig 2010

Heinz Biehn: Residenzen der Romantik, München 1970

Gerhard Bott: Die Burg auf der Insel in Wilhelmsbad, ein frühes Zeugnis romantischer Baukunst in Deutschland, in: Hanauer Geschichtsblätter 21, 1966, S. 317–340

Friedl Brunckhorst: Die Löwenburg im Schlosspark Wilhelmshöhe in Kassel zwischen künstlicher und echter Ruine, in: Das Kunstwerk in der Residenz. Grenzen und Möglichkeiten höfischer Kultur, Jahrbuch der Stiftung Thüringer Schlösser und Gärten, Bd. 14 (2010), S. 75–85

Literatur

Hans Christoph Dittscheid: Kassel-Wilhelmshöhe und die Krise des Schloßbaues am Ende des Ancien Régime. Charles De Wally, Simon Louis Du Ry und Heinrich Christoph Jussow als Architekten von Schloß und Löwenburg in Wilhelmshöhe (1785 – 1800), Worms 1987

Anja Dötsch: Die Löwenburg im Schlosspark Wilhelmshöhe. Eine künstliche Ruine des späten 18. Jahrhunderts (= Studien zum Kulturerbe in Hessen 3), 2 Bde., Regensburg 2006

Wolfgang Einsingbach, Alf Fink, Christoph Dittscheid (Hg.): Löwenburg im Bergpark Wilhelmshöhe, Amtlicher Führer, Bad Homburg v. d. Höhe 1976

Die Löwenburg im Schlosspark Wilhelmshöhe. Amtlicher Führer der Staatlichen Schlösser, Gärten und Burgen in Nordhessen, bearb. von Heinz Biehn, hrsg. von der Verwaltung der Staatlichen Schlösser und Gärten in Hessen, München / Berlin 1965

Anja Dötsch: Die Löwenburg im Schlosspark Kassel-Wilhelmshöhe. Eine künstliche Ruine des späten 18. Jahrhunderts, Edition der Verwaltung der Staatlichen Schlösser und Gärten Hessen (Broschüre 25), Regensburg 2006

Hans Ottomeyer: Alter Adel, neues Geld – Europäischer Schlossbau als Legitimationsstrategie, in: Wolf, Peter u.a. (Hg.): Götterdämmerung – König Ludwig II. und seine Zeit. Aufsatzband, Augsburg 2011 (Veröffentlichungen zur Bayerischen Geschichte und Kultur 59), S. 162 – 170

Ludolf Pelizaeus: Der Aufstieg Württembergs und Hessens zur Kurwürde 1692 – 1803, Frankfurt am Main 2000

Antje Scherner: Giovanni Francesco Guerniero – ein Architekt aus dem Umfeld Carlo Fontanas? Neue Quellen zu Leben und Werk des Baumeisters der Kasseler Wasserspiele, in: Marburger Jahrbuch für Kunstwissenschaft 2011, S. 171 – 196

Ekkehard Schmidberger, Thomas Richter: Schatzkunst. 800 – 1800. Kunsthandwerk und Plastik der Staatlichen Museen Kassel im Hessischen Landesmuseum Kassel, Kassel 2001

Ute Stobbe: Kassel-Wilhelmshöhe. Ein hochadeliger Lustgarten des 18. Jahrhunderts, München 2009

Adrian von Buttlar: Vom Karlsberg zur Wilhelmshöhe. Die Sonderstellung des Kasseler Bergparks in der Geschichte der Gartenkunst, in: Hortus ex Machina. Der Bergpark Wilhelmshöhe im Dreiklang von Kunst, Natur und Technik (= Arbeitshefte des Landesamtes für Denkmalpflege Hessen, Bd. 16), Stuttgart 2010, S. 13 – 22

Rainer von Hessen (Hg.): Wir Wilhelm von Gottes Gnaden. Die Lebenserinnerungen Kurfürst Wilhelms I. von Hessen 1743 – 1821. Aus dem Französischen übersetzt und herausgegeben von Rainer von Hessen, Frankfurt am Main / New York 1996

Renate Wagner-Rieger / Walter Krause (Hg.): Historismus und Schlossbau, München 1975

Sascha Winter: Memorialort und Erinnerungslandschaft. Naturbegräbnisse des Adels in der Landgrafschaft Hessen-Kassel im späten 18. Jahrhundert, in: Adel in Hessen. Herrschaft, Selbstverständnis und Lebensführung vom 15. bis ins 20. Jahrhundert, hrsg. von Eckart Conze, Alexander Jendorff, Heide Wunder (= Veröffentlichungen der Historischen Kommission für Hessen 70), Marburg 2010, S. 471–498

Abbildungsverzeichnis:

S. 12: Wilhelm Böttner, Wilhelm IX. Landgraf von Hessen-Kassel, Öl auf Lwd., 1791, Inv. Nr. AZ 177, MHK

S. 15: David Le Clerc, Landgraf Carl mit dem Leibmohren, Gouache auf Pergament, 1714, Inv. Nr. GS 27521, MHK

S. 17: Antoine Denis Chaudet, Büste von Napoleon Bonaparte, Marmor, um 1808, Inv. Nr. P 2006/8, MHK

S. 18: Sebastian Weygandt, Porträt von König Jérôme, Öl auf Lwd., um 1810, Inv. Nr. 1875/1705, MHK

S. 19: Wilhelm Böttner, Wilhelm mit Ehefrau und Kindern vor dem Weißensteinflügel, Öl auf Lwd., 1791, Inv. Nr. RCIN 401351, Royal Collection

S. 20: Wilhelm Böttner, Caroline Juliane Albertine von Schlotheim, spätere Gräfin von Hessenstein, Öl auf Lwd., 1788, Inv. Nr. GK 754 (1875/1174), MHK

S. 30: Heinrich Christoph Jussow, Entwurf zum Osttrakt der Löwenburg, Aufriss von Osten, Graphit, Feder in Grau und Braun, grau laviert, auf Papier, spätestens November 1793, Inv. Nr. GS 5649, MHK

S. 31: Heinricht Christoph Jussow, Entwurf zum Grundriss der Löwenburg, Graphit, Feder in Grau und Braun, grau laviert, auf Papier, spätestens November 1793, Inv. Nr. GS 5633, MHK

S. 32: Heinrich Christoph Jussow, Entwurf für das Erdgeschoss der Löwenburg, Grundriss, Graphit, Feder in Grau, Schwarz und Dunkelbraun, grau, hellgrau, graubräunlich und rot laviert, auf Papier, ab Winter 1794/95, Inv. Nr. Marb. Dep. 45, MHK

S. 34: Heinrich Christoph Jussow, Entwurf für die Fassade der Burgkapelle, Aufriss, Graphit, Feder in Braun, braun und grau laviert, auf Papier, Winter 1794/95, Inv. Nr. GS 5689, MHK

S. 36 Carl Heinrich Arnold, Porträt von Heinrich von Dehn Rotfelser, Graphit auf gebräuntem Papier, 1846, Inv. Nr. GS 22195, MHK

S. 37: Heinrich Christoph Jussow, Entwurf zum Wasserfall in der Wolfsschlucht unterhalb der Löwenburg, Lageplan, Graphit, Feder in Grau und Rot, aquarelliert, auf Papier, Winter 1794/95, Inv. Nr. 5640, MHK

S. 38: Heinrich Christoph Jussow, Entwurf zur Tribüne am Turnierplatz inmitten ihrer landschaftlichen Umgebung, Aufriss, Graphit, Feder in Grau, Braun und Schwarz, aquarelliert, auf Papier, 1800, Inv. Nr. GS 5723, MHK

S. 39: Aktenschrank (Detail), Entwurf Heinrich Christoph Jussow, Eichenholz, Schnitzereien poliment- und ölvergoldet, 1792-1806, Inv. Nr. SM 2.5.169, MHK (s. S. 46)

S. 43: Friedrich Georg Weitsch, Friedrich Wilhelm III. von Preußen und Königin Luise im Schlossgarten Charlottenburg, Öl auf Lwd., 1799, Inv. Nr. GK I 10779, Schloss Pfaueninsel, Stiftung Preußische Schlösser und Gärten Berlin-Brandenburg

S. 44: Heinrich Christoph Jussow, Entwurf einer nächtlichen Illumination des Osttrakts, Aufriss von Osten, vor September 1798, Potsdam, Stiftung Preußische Schlösser und Gärten Berlin-Brandenburg, Plankammer, Potsdam

S. 46: Heinrich Christoph Jussow, Entwurf eines Schrankes im neogotischen Stil, Vorder-, Seiten- und Innenansicht, Graphit, Feder in Schwarz, gelb und braun aquarelliert, auf Papier um 1800, Inv. Nr. GS 5712, MHK (s. S. 39)

S. 54: Andreas Pleninger, Tischplatte, fragmentiert, Solnhofer Kalkstein, geätzt, polychrom gefasst, teils vergoldet, 1605, Inv. Nr. SM 4.7.2445, MHK

S. 58: Buchattrappe, Nadelholz, teils bemalt, Papier, bedruckt, um 1800, Inv. Nr. SM 4.7.3187, MHK

S. 63: Unbekannter Künstler, Prinz Wilhelm (VIII.) als Kleinkind, ölhaltige Malerei auf textilem Bildträger, mit Samtapplikationen, um 1685, Inv. Nr. SM 1.1.944, MHK

S. 64: Everaerd Leyniers, Tapisserie mit der Krönung der Cleopatra, naturfarbene Wolle mit Seide gefärbt und gewirkt, um 1660, Brüssel, Inv. Nr. SM 5.2.25, MHK

S. 66: Vierteiliges Schreibzeug, Entwurf Heinrich Christoph Jussow, Eiche, dunkel gebeizt und lackiert, Laubholz, geschnitzt und ölvergoldet, um 1795, Inv. Nr. SM 4.7.3540-43, MHK

S. 67: Unbekannter Künstler, Venus und Amor, Öl auf Lwd., um 1800-1850, Inv. Nr. SM 1.1.230, MHK

Abbildungsverzeichnis

S. 68: Prachtbett mit dem Allianzwappen des Landgrafen Moritz und der Landgräfin Juliane, Holz, Farbfassung, Textil, Vergoldung, 1607, Inv. Nr. Lö 60/22, MHK

S. 70: Zusammenklappbare Bettlade, Nadel- und Eichenholz, Metallbeschläge, farbige Fassung, um 1770, Inv. Nr. SM 2.7.626, MHK

S. 72: Louis Katzenstein, Kabinettschrank aus der Löwenburg, Öl auf Karton, um 1880, Inv. Nr. GS 20150, MHK

S. 73: Kabinettschränkchen mit vergoldetem Messingblech, Augsburg, Holz, Metall, Vergoldung, um 1630, Inv. Nr. SM Lb 59/22, MHK

S. 74: Antonio Susini (zugeschr.), Reiterstatuette von Carl Emanuel I. von Savoyen, Bronze, gegossen, 1. Viertel 17. Jh., Inv. Nr. SM 3.3.100, MHK

S. 76: Wandbespannung, sog. Perltapete, Applikationsarbeit aus Atlasstiften auf verschiedenen Stoffen, mit Ergänzungen aus Stickerei, Malerei in Deckfarbe, um 1720, Inv. Nr. SM 7.1.57

S. 79: Kabinettschrank mit Untergestell, Innenansicht, Ebenholz, schwarz gefärbtes Obstholz, rot lackiert, bemalte Holztafeln, Spiegelglas und Textil, um 1630, Inv. Nr. Lö 86/3,4, Antwerpen, um 1630, MHK

S. 82: Unbekannter Künstler, Ceres sucht Proserpina, Öl auf Lwd., um 1800, Inv. Nr. SM 1.1.129, MHK

S. 83: Unbekannter Künstler, Prinz im Kindesalter, Öl auf Lwd., 1704, Inv. Nr. SM 1.1.907, MHK

S. 88: Johann Christian Ruhl, Rittergrabmal, Sandstein, hellgrau gefasst, 1800, Inv. Nr. SM 3.2.53 und 54, MHK

S. 87 oben: Johan August Nahl d. J., Jugendbildnis des Bildhauers Johann Christian Ruhl, Öl auf Blei-Zinn-Legierung, 1782, Inv. Nr. LM 1940/479, MHK

S. 87 unten: Johann Christian Ruhl, Wilhelms IX./I. Eingang ins Elysium, Marmorrelief, um 1800, Inv. Nr. SM 3.2.55, MHK

S. 92: Sog. „Schwarzer Ritter", Rüstung, geschwärztes Eisen, um 1600, Inv. Nr. W 299 a/b, MHK

S. 93: Hans von Houwelingen, Armor I, Porzellan, glasiert, Leder, Messing, Stahl, 2020, Inv. Nr. P 2020/1, MHK

Abbildungsnachweis:

Bernd Schoelzchen: S. 6, 10/11, 41, 50/51, 52, 56, 60, 62, 65, 68, 69, 71, 75, 76, 77, 80, 81, 84, 85, 86, 91, 94/95

MHK (Ute Brunzel, Gabriele Bößert, Arno Hensmanns, Mirja van IJken, Katrin Venhorst): S. 12, 15, 17, 18, 20, 22/23, 24, 26 rechts, 29, 30, 31, 32, 34, 36, 37, 38, 39, 46, 54, 58, 63, 64, 66, 67, 70, 72, 74, 79, 82, 83, 87, 88, 89, 92, 93

Staatliche Schlösser und Gärten (Alexander Paul Englert): S. 14

Royal Collection: S. 19

Roman von Götz: S. 26 links, 27 links

Andreas Fischer: S. 27 rechts

Thomas Maiwald/stock.adobe.com: S. 33

Stiftung Preußische Schlösser und Gärten Berlin-Brandenburg: S. 43, 44

Markus Döll: S. 48, 73

Zeichnungen in den Umschlagklappen: Thorsten Eschstruth, lopri.com
Kolorierung: Steffen Härtel-Klopprogge, atelier capra

Die Angaben zu den Bauphasen in der hinteren Umschlagklappe beruhen auf
Anja Dötsch:»Die Löwenburg im Schlosspark Wilhelmshöhe«, Regensburg 2006

Abbildungsnachweis